平天下

中国古典政治智慧

人民日报海外版『学习小组』编著

人民出版社

责任编辑：洪　琼

图书在版编目（CIP）数据

平天下：中国古典政治智慧／人民日报海外版“学习小组”编著．—北京：人民出版社，2016.10（2017.5 重印）

ISBN 978－7－01－016671－1

I. ①平…　II. ①人…　III. ①政治哲学－研究－中国－古代　IV. ① D092.2

中国版本图书馆 CIP 数据核字（2016）第 214278 号

平 天 下

PING TIANXIA

——中国古典政治智慧

人民日报海外版“学习小组” 编著

人民出版社 出版发行

（100706　北京市东城区隆福寺街 99 号）

北京盛通印刷股份有限公司印刷　新华书店经销

2016 年 10 月第 1 版　2017 年 5 月北京第 6 次印刷

开本：710 毫米 ×1000 毫米 1/16　印张：18

字数：210 千字　印数：60,001－70,000 册

ISBN 978－7－01－016671－1　定价：48.00 元

邮购地址 100706　北京市东城区隆福寺街 99 号

人民东方图书销售中心　电话：（010）65250042　65289539

目录

习近平总书记强调，要努力从中华民族世世代代形成和积累的优秀传统文化中汲取营养和智慧，延续文化基因，萃取思想精华，展现精神魅力。对普通读者来说，读一读传统的历史、文学、哲学、伦理等方面的经典，可以知古今、明事理、鉴是非；对领导干部来说，传统文化中蕴含着为人为官、治国理政的大道理。对一个人是如此，对一个政党、一个民族也是如此。

在中国的传统文化中，修身一直是作为最基本也是最核心的要义被认知的。『自天子以至于庶人，一是皆以修身为本』，无论你是领导干部，还是普通百姓，人的社会地位、职业各有不同，但作为一个人，有最起码的德性要求。在古人看来，这个德性潜藏于人的本性中，有别于禽兽，但有赖于后天的开发，否则无以成人。这就是修身。

文化自信，应不忘初心（代序）

王 树 成

在庆祝中国共产党建立95周年大会上，习近平总书记号召全党“不忘初心，继续前进”。初，是原本，是起点，初心，便是最本真的精神。

放眼世界，本民族语言、历史、文化经久不息、延绵至今者，恐怕只有中国一家。我们有过屹立东方、光耀四海的盛世，也曾经站在亡国灭种、奋力求生的边缘。但无论如何，文化总是维系中华民族的那一根看不见的血脉，维系着中国人的家国认同、民族认同，也塑造了中国独有的价值体系和文明走向。

近代以来，中国落伍于世界。我们在奋起直追的时候，也曾对文化传统产生过困惑，甚至怀疑、否定。有些人把国运的衰微归咎于五千年，扬言非全面西化不能解决民族之发展问题。在这些激进的批判者眼中，西化是现代化的同义词，是开放与文明的象征。

当我们沿着中国特色社会主义道路阔步前行的时候，回首过去，那些年的争论恰好成为中华文化浴火重生的契机。如果说困惑和怀疑源于现实的落差，那么几十年过去，中国发展的铿锵脚步足以证明中华文化的强大生命力。我们需要批判地继承，更需要找回文化的自信。

时至今日，中国当然有足够的自信面对一切。

人们开始意识到，要回答中国往哪里去的问题，必须正视中国的当下；而要搞清楚中国的当下，又必须追问中国从哪里来。这些问题的答案，很多就存在于中国的传统中。忘记历史意味着背叛，丢掉传统也就丢掉了安身立命的根基。

习近平总书记强调，要努力从中华民族世世代代形成和积累的优秀传统文化中汲取营养和智慧，延续文化基因，萃取思想精华，展现精神魅力。对普通读者来说，读一读传统的历史、文学、哲学、伦理等方面的经典，可以知古今、明事理、鉴是非；对领导干部来说，传统文化中蕴含着为人为官、治国理政的大道理。对一个人是如此，对一个政党、一个民族也是如此。

鲁迅先生曾说，只有民族的，才是世界的。中华文化足以为其他文明提供更好的“中国智慧”和“中国方案”。

当今世界，地区冲突、宗教冲突、文明冲突此起彼伏，民粹化、右翼化、反全球化浪潮迭起。我们同样需要思考人类往何处去的问题。“中国方案”不是零和博弈，而是共生共荣的相处之道。

中华文化之所以能几千年绵延不绝，与外来文化包容互鉴，便因于我们“己所不欲，勿施于人”的信条。而我们对文明交流的期待，是“求同存异”，是“天下大同”。这些理念演化到现在，便是“人类命运共同体”的理念和主张。

对待传统文化，当然要有科学的态度。强调对传统的继承和民族的认同，并不意味着对世界潮流的排斥、对现代化的抵制。中华文化从变革中走来，同样需要我们在实践中不断更新、完善。

中国愿借鉴一切文明成果，但不会照搬照抄，中国特色社会主义的伟大实践，正是推进文明交流互鉴的成功举措。中国人讲恒常不变的“道”，也讲因时而变的“势”，我们的历史一直在变与不变的辩证统一中发展。这让我们明白，中国只有结合自己的党情、国情、民情，才能在开放中坚守自己的发展之道，用丰富的实践为中华文化注入更为充沛的生机和活力。

古人讲，“知古鉴今，以史资政”，传统是最丰厚的智慧，也是最宝贵的财富。让我们一起重温初心，勉力前行。

是为序。

作者为人民日报社编委、人民日报海外版总编辑

修身

如果把人一生的事业奋斗比作金字塔，那么修身就是最基本的底盘。底盘越扎实，塔身才能越稳固；底盘越宽广，塔尖才能耸入云端。

可以说，修身是一切成功的起点，也是根基。

在中国的传统文化中，修身一直是作为最基本也是最核心的要义被认知的。“自天子以至于庶人，一是皆以修身为本”，无论你是领导干部，还是普通百姓，人的社会地位、职业各有不同，但作为一个人，有最起码的德性要求。在古人看来，这个德性潜藏于人的本性中，有别于禽兽，但有赖于后天的开发，否则无以成人。这就是修身。

在传统文化中，修身主要是为了淬炼道德。但在今天，我们不妨把修身的内涵再扩大一下。

修身是修心。只有内心坦荡无私，才能养成一股“浩然之气”。这种理想的人格和精神力量作用于现实，就会产生积极的作用。它是洞悉善恶的智慧，是明辨是非的准则，也是郁郁勃发的上进心。

修身是修知。在知识爆炸的今天，我们要有开放的心态不断学习。古人留下的经典是基础，但绝不是知识的全部。知识是从实践中总结而来的，实践不断发展，知识也应该随之更新。有些东西已经过时，也没必要过于留恋、抱残守缺。

修身是修形。健康的身体是一切的保证。古人说“文质彬彬，然后君子”。“文”是知识和礼节，“质”不妨看做是力量与体魄，只有两者兼顾、平衡，才能称得上是完美的君子。

师也者，教之以事而喻诸德者也。

【典出】《礼记》

【原文】大傅在前，少傅在后；入则有保，出则有师，是以教喻而德成也。师也者，教之以事而喻诸德者也；保也者，慎其身以辅翼之而归诸道者也。

【释义】所谓老师，就是教会学生做事，培养学生的优良品德的人。

教育学生，培养子女，或者教化民众，一方面要从做事的层面着手，另一方面要从道德的层面着手。以当老师为例，做好老师，要有道德情操。老师的人格力量和人格魅力是成功教育的重要条件。“师也者，教之以事而喻诸德者也。”老师对学生的影响，离不开老师的学识和能力，更离不开老师为人处世、于国于民、于公于私所持的价值观。同样，作为父母，要培养孩子，除了培养他们做事的能力，更要在德行方面引导他们，否则不能称之为合格的父母。做官也一样，一个官员如果在品德方面有问题，能力再强再精干，也不是合格的。

德者本也

【典出】《礼记·大学》〔1〕

【原文】君子先慎乎德，有德此有人，有人此有土，有土此有财，有财此有用。德者本也，财者末也。

【释义】道德修养，是为人的根本。

〔1〕《大学》本是《礼记》中的一篇。宋时，朱熹将其和《中庸》一起抽出，与《论语》《孟子》并列，并且作《四书章句集注》，这四部著作才有了后世“四书”的统称。朱熹引述程颐的观点，认为《大学》是“孔氏之遗书，而初学入德之门也”，当为儒家之入门读物，且置于四书之首。他又将《礼记》中的《大学》篇重新编排，将其分为“经”和“传”两部分，其中“经”一章，是由曾参记录的孔子原话；“传”十章，是曾子对孔子的理解和阐述。《大学》为人所熟知的，莫过于所谓“三纲八目”——所谓“三纲”，即“大学之道”中的明明德、亲民、止于至善；“八目”则是《大学》中提出的儒家内外修治的一套进阶过程：格物、致知、诚意、正心、修身、齐家、治国、平天下。

古人有许多说法，都是辩证法。“德者本也”，下面对应的是“财者末也”。这样说，不是简单否定财富、物质的意义，而是解决价值排序的问题，也就是说，相对于道德、德行而言，财富、物质的价值要相对靠后，前者才是更本质、更根本的东西。这种以德为本的思想，在今天常常被认为比较“虚”，但恰恰值得我们重视，特别是“德”的内涵外延，需要发掘其新的时代意义。同时，对名利、金钱的态度，也需要人们好好反思。货币、资本固然是衡量一个国家、一个地方，甚至一个家庭、一个人的重要维度，但绝不是唯一维度。尤其是在社会领域，对家庭单位也好，对个人内心也好，还要特别警惕不能掉进货币主义的陷阱。否则，财富就变成人生的累赘，资本就会侵蚀生活本来的意义。西方现代经济学鼻祖亚当·斯密写了《国富论》，也写了《道德情操论》。可见不管是在古代中国，还是在现代西方，德与财二者本末不能倒置的思想都是相通的。

君子坦荡荡

【典出】春秋·孔子《论语·述而》[1]

【原文】君子坦荡荡，小人长戚戚。

【释义】君子无所不容，所以襟怀坦荡；小人成天算计，所以牢骚满腹。

〔1〕《论语》是孔子弟子及后学记述孔子言行的语录体著作。书中不但记述了孔子的社会政治思想、哲学思想、伦理思想、教育思想等，还记录了他的一些生活习惯和细节。书中记有比孔子年少四十六岁的孔门学生曾参临死的遗言，因此一般认为此书由孔子的再传弟子编纂，成书年代约在战国初期。孔子（前551—前479）中国古代思想家、教育家，儒家学派创始人。名丘，字仲尼。春秋末期鲁国陬邑（今山东曲阜）人。他的思想对中国和世界都有深远影响，被称为“圣人”“至圣先师”。孔子自称“述而不作”，真正由他亲手编写的著作恐怕没有，但中国最古老的典籍所谓“六经”可能都曾经是他讲学传授的材料。

孔子特别重视君子，喜欢拿君子和小人做对比，鼓励自己的学生做君子。在孔子的时代，“君子”这个词，有不同的含义，第一种，是指贵族和有很高社会地位的人，但这些人往往道德低下、学问鄙陋；第二种，是指虽然不一定有身份地位，但道德高尚、学问风度都很好的人。孔子鼓励学生做的，是第二种君子。做君子有什么好处？不一定有物质上的好处。君子主要是在人生境界上有飞跃，始终能够从容、坦诚面对不同的人和事，所以永远都很快乐。孔子很赞赏自己的学生颜回，颜回身居陋巷，过得很拮据，“人不堪其忧，而回也不改其乐”，这就是君子的境界。这对我们这些身处消费社会、常受物欲诱惑的当代人们来说，尤其值得深思。

君子义以为质

【典出】《论语·卫灵公》

【原文】子曰："君子义以为质，礼以行之，孙以出之，信以成之。君子哉！"

【释义】君子以义作为内在的根本。

这段话，其实是孔子告诉弟子们，怎么才能做一个君子。他讲了四句话，主要是要做到四个字——“义、礼、孙（逊）、信”。第一个字就是义，义是君子的根本，相对于形式而言，义也是内在的本质性的东西，要成为君子，归根到底是做到义。第二个字是礼，礼是行为规范，相对义而言，礼是表现义的恰当的外在形式。第三个字是孙，就是谦逊的逊，指的是君子言行的态度气质，不能太过张扬。第四个字是信，简而言之，就是言必有信，说到做到。孔子认为，做到这四个字，就是一个真正的君子了。

正像康德所说的：“有两种东西，我对它们的思考越是深沉和持久，它们在我心灵中唤起的惊奇和敬畏就会日新月异，不断增长。这就是我头上的星空和心中的道德定律。”康德所说的心中的道德定律，便是孔子所说的君子之质的“义”。

我们常感慨人心不古，这并不是说，古时的人类就不存在道德堕落的问题。典籍中古代的理想国，其实都是现实的善良虚构，而不是历史存在。但无论是古代还是现代，甚至未来，“人同此心，心同此理”，基本的道德定律是永恒的价值。

要想修为一个完美的人格，必须要树立一个根本，“君子义以为质”，我们能安身立命的，便是心中的这个道德律。

士不可以不弘毅，任重而道远。

【典出】《论语·泰伯》

【原文】士不可以不弘毅，任重而道远。仁以为己任，不亦重乎？死而后已，不亦远乎？

【释义】读书人不可以不宽广、坚韧而有毅力，因为他责任重大，寻路遥远。

“士”是中国古代一个独特的阶层，他们拥有知识，能够辅佐君主成就功业，是社会的中坚力量。而在当代社会，“弘毅”的精神仍然需要，特别是对青年人来讲，要紧跟时代砥砺前行，担当责任奋发有为。胸怀祖国和人民，奉献社会和他人，才是真正的大有作为。

国家的前途，民族的命运，人民的幸福，是当代中国青年必须和必将承担的重任。一代青年有一代青年的历史际遇。我们的国家正在走向繁荣富强，我们的民族正在走向伟大复兴，我们的人民正在走向更加幸福美好的生活。同人民一起奋斗、前进、实现梦想，能够把个人理想和发展，与国家的前途命运联系在一起，是有担当、有责任感的体现。

学而不厌，诲人不倦。

【典出】《论语·述而》

【原文】子曰："默而识之，学而不厌，诲人不倦，何有于我哉？"

【释义】学习而不觉满足，教诲别人而不知疲倦。

学习而不觉满足，教诲别人而不知疲倦。这是一种境界。学而不厌，是个人层面；诲人不倦，则涉及与人的关系，更需要修养。要“诲人不倦”，需要老师具有尊重学生、理解学生、宽容学生的品质。受到尊重、得到理解、得到宽容，是每一个人在人生各阶段都不可缺少的心理需要，儿童和青少年更是如此。一些调查材料反映，尊重学生越来越成为好老师的重要标准。好老师应该懂得既尊重学生，使学生充满自信、昂首挺胸，又通过尊重学生的言传身教教育学生尊重他人。对所谓的“差生”甚至问题学生，老师更应该多一些理解和帮助。老师在学生心目中具有重要位置，老师无意间的一句话，可能造就一个天才，也可能毁灭一个天才。好老师一定要平等对待每一个学生，尊重学生的个性，理解学生的情感，包容学生的缺点和不足，善于发现每一个学生的长处和闪光点，让所有学生都成长为有用之才。

不患人之不己知，患不知人也。

【典出】《论语·学而》

【原文】子曰："不患人之不己知，患不知人也。"

【释义】不要担心别人不了解自己，要担心自己不了解别人。

中国古代就有“知己知彼，百战不殆”的说法。从交往的角度来说，确实需要担心自己不了解别人。因为，第一不了解别人容易固步自封，第二容易不知道如何应对与别人的交往。

己欲立而立人，己欲达而达人。

【典出】《论语·雍也》

【原文】子贡曰："如有博施于民而能济众，何如？可谓仁乎？"子曰："何事于仁，必也圣乎！尧舜其犹病诸！夫仁者，己欲立而立人，己欲达而达人。能近取譬，可谓仁之方也已。"

【释义】自己对人建立仁爱之心，别人才会对你仁爱，自己对人豁达宽容，别人才会对你豁达宽容。

帮别人，就是帮助自己；要想自己成功，先要让别人成功。类似这种有点“泛心灵鸡汤”却充满哲思的话语，古人早有论述，中华文化早即倡导：己欲立而立人，己欲达而达人。中国坚持正确义利观，深刻明白，帮助别国就是帮助我们自己。近年，中国倡建的“一带一路”、亚洲基础设施投资银行等，都是从互利共赢的角度考虑问题，在能源、基础设施建设、产业合作等方面，给其他国家带来福利。中国还提出“欢迎其他国家搭中国便车”的观念。中国之所以越来越受欢迎，与中国的义利观分不开。国家如此，个人更是如此：在谋求自身发展的同时，一定要考虑同伴，考虑其他人，只有让自身发展成果惠及他人和社会，才是可持续的成功状态。

为者常成，行者常至。

【典出】《晏子春秋·内篇杂下》[1]

【原文】梁丘据谓晏子曰："吾至死不及夫子矣！"晏子曰："婴闻之，为者常成，行者常至。婴非有异于人也。常为而不置，常行而不休者，故难及也？"

【释义】努力去做的人常常可以成功，不倦前行的人常常可以达到目的。

〔1〕《晏子春秋》是记载春秋时期（前770—前476）齐国政治家晏婴言行的一部历史典籍，用史料和民间传说汇编而成。书中记载了很多晏婴劝告君主勤政，不要贪图享乐，以及爱护百姓、任用贤能和虚心纳谏的事例，成为后世人学习的榜样。晏婴自身也是非常节俭，备受后世统治者崇敬。过去疑古派认为《晏子春秋》是伪书，《晏子春秋》也被长时期的冷落。1972年银雀山汉墓出土文献证明，《晏子春秋》并非伪书。

回顾近现代史，中华民族重新站起来的过程，就是一个不断坚定信念去实践的过程。一个以实践为信仰的民族，无论多么积贫积弱，一定能找到应有的荣光。中国的古代名言中，鼓励实践，充满正能量的比比皆是，这并非偶然。

当下的中国，有着许多目标与理想。从远处说，中国梦、“两个一百年”的奋斗目标，是近代以来所有中华儿女的梦想；从近处说，到 2020 年之前实现全面建成小康社会的奋斗目标，都需要我们秉持信念，同心同力开创。中国的未来，需要一番轰轰烈烈的发展与建设。

为者常成，
行者常至。

【典出】《晏子春秋·内篇杂下》

【原文】晏子曰："婴闻之，为者常成，行者常至。婴非有异于人也。常为而不置，常行而不休者，故难及也？"

【释义】无论怎么难做的事，总去做，就一定能做成；无论多么遥远的路，总是走，就一定能到达。

中国的传统哲学，是讲究实践的哲学，俯拾皆是讲求“坚持”“践行”的名言：从“千里之行，始于足下”，到“日拱一卒，功不唐捐”；从孔夫子的“高山仰止，景行行止”，到王阳明的“知行合一”，无不如此。这其中有着深刻的哲学理念：知识，仅仅是“认知”是不够的，更要去实践。只有实践，才是真正的认知，也才有可能使认知深化。所以，“空谈”者往往误国，而实践者才会真正为人尊崇。

同样，晏子的这句话，也包含另一层意思：所谓“圣人”，与常人可能并无大“异”，真正存“异”的地方，也许就是“为”“行”。孔子也说，他与别人不同的一点，可能就是“吾道一以贯之”。认准一个理念，坚持不懈的追求、践行，也许不一定达到所有人都敬仰的境界，但至少问心无愧、顶天立地。行百里者半九十，大多数人努力的程度，也许终其一生都达不到比拼天赋的境界。

强不执弱，富不侮贫。

【典出】春秋末战国初·墨子《墨子·兼爱》[1]

【原文】天下之人皆相爱，强不执弱，众不劫寡，富不侮贫，贵不敖贱，诈不欺愚。

【释义】强大者不控制弱小者，富足者不欺侮贫困者。

〔1〕《墨子》是记载墨翟言论和墨家学派思想资料的总集。《汉书·艺文志》著录“《墨子》七十一篇”，现存五十三篇，一般认为是墨子的弟子及后学记录、整理、编纂而成。《墨子》分两大部分：一部分是记载墨子言行，阐述墨子思想，主要反映了前期墨家的思想；另一部分为《经上》《经下》《经说上》《经说下》《大取》《小取》六篇，一般称作墨辩或墨经，着重阐述墨家的认识论和逻辑思想，还包含许多自然科学的内容，反映了后期墨家的思想。墨子（约前468—前376），名翟，班固说墨子“名翟，为宋大夫，在孔子后”。墨子善于制造守城器械等，是墨家学派的创始人。在先秦诸子百家中，儒、墨两家号称“显学”，墨子在当时的声望与孔子差不多。由于墨子倡导尚贤、尚同、兼爱、非攻、节用、节葬等主张，基本反映了劳动阶层的呼声，因此，墨子又被后人视为劳动人民的哲学家。

强者和富者不欺负弱者和贫者。中国人，自古就倡导“强不执弱，众不劫寡，富不侮贫，贵不敖贱，诈不欺愚”。作为一个伟大的民族，中华民族历来爱好和平，和平、和睦、和谐的追求深深根植于中华民族的精神世界之中。以和为贵、和而不同、化干戈为玉帛、天下大同等理念在中国世代相传。个人如此，民族如此，国家如此。古代中国曾经长期是世界强国，但中国对外传播的是和平理念，输出的是丝绸、茶叶、瓷器等丰富物产。当然，中国讲究的“和”，不是无原则的忍让。在涉及国家的核心问题上，中国的底线极为清晰。

仁义忠信，乐善不倦。

【典出】战国·孟子《孟子·告子上》

【原文】有天爵者，有人爵者。仁义忠信，乐善不倦，此天爵也。

【释义】遵从仁义忠信，不厌倦地乐于行善。

仁义礼智信，是中国古代传统文化的精华。在孟子看来，仁义忠信是上天赐予的能力，可以乐于行善。这对当今社会也有重要的借鉴意义。在信息爆炸的今天，有些人还在犹豫遇到摔倒的老人要不要扶的时候，这句话更有指导意义。从另一个角度来看，这些传统文化中与人为善的传承，中国人一直做得很好，那些活跃在各种救灾一线的志愿者和一直默默做很多事的公益组织就是最好的证明。

从宏观来看，中国在国际交往过程中也一直坚持诚信和与人为善的原则。

出入相友，守望相助。

【典出】《孟子·滕文公上》〔1〕

【原文】乡田同井，出入相友，守望相助，疾病相扶持。

【释义】出去做工，回家休息，大家都是同伴，应彼此互助，和睦相处。为了对付来犯的敌人或意外的灾祸，邻近各村落互相警戒，互相援助。

〔1〕 孟子（约前372—约前289），名柯，邹（今山东邹县）人，曾受业于孔子之孙子思的门人，是战国中期儒学大师。孟子继承并发挥了孔子的学说和思想，是中国古代仅次于孔子的最有影响力的儒学宗师，被称为“亚圣”。《孟子》虽非孟子手笔，为其弟子所记，但内容应为孟子言行无疑。在书中，孟子主张人性论，主张仁政、王道的政治理论，提出了民贵君轻的主张。从北宋开始，《孟子》一书取得了儒家经典的地位。南宋朱熹更是将其列为“四书”之一，成为古代士子必读书。

和良师益友交往是人生之福，通过交流，朋友们可以一起增长见识，陶冶情操，砥砺品行。所以，一个人从小到大，如何选择朋友？如何面对友情？始终是一个重要的人生课题。《说文解字》说，“同志为友”，意即志同道合是成为朋友的前提。朋友之间除了志趣相投，还要相互尊重，世界上没有完全相同的两片树叶，也不可能有个性特点完全一样的两个人，相互尊重个性是友谊地久天长的基础。朋友之间，还应该彼此关心，互相帮助，特别是在遇到人生难关的时候，真正的友情就会显得格外珍贵。因此古人讲，“患难之交不可忘”。

傅抱石作品

傅抱石　《西陵峡》

充实之谓美，充实而有光辉之谓大。

【典出】《孟子·尽心下》

【原文】可欲之谓善，有诸己之谓信，充实之谓美，充实而有光辉之谓大，大而化之之谓圣，圣而不可知之之谓神。

【释义】值得喜爱的叫“善”，自己确实具有“善”就叫“信”，“善”充实在身上就叫“美”，既充实又有光辉就叫“大”，既“大”又能感化万物就叫“圣”，“圣”到妙不可知就叫“神”。

孟子这段话，本身是论述个人修为的。善、信、美、大、圣、神，都是描述个人修为的不同境界的。

如果我们把这些定义放在文艺创作领域就可以看到，一部作品要称得上优秀，首先要才气充盈、功底扎实、内容实在；而要达到伟大的境界，则还需要人性的光辉、历史的关怀。曹雪芹写《红楼梦》，“披阅十载，增删五次”；福楼拜写《包法利夫人》，“有一页就写了五天”“客店这一节也许得写三个月”。许多伟大的文艺作品，都是在这样反复的修改、漫长的创作中呕心沥血出来的。

艺术家对待作品要做到这种精益求精的地步，个人对待自己的工作同样也要如此。2016 年的《政府工作报告》中，首次提出了要在全社会培育“工匠精神”。什么是工匠精神？就是要像手艺人对待自己的活计一样精雕细琢、反复推敲，最终才能产生出好的作品。它是路遥知马力、慢工出细活儿的，是反对程式化生产、大水漫灌的模仿和排浪式生产的，是凝结了创造力、智慧、心血和个人风格的。这种精神只存在于文艺中吗？并不是。日本的“寿司之神”，专注手工捏寿司数十年，才能捏出独一无二的味道；很多中国制造的“大国工匠”，也同样是几十年如一日地专注同一件事情。在快速而浮躁的今天，中国社会尤其需要这种沉静的坚持。

水之积也不厚，则其负大舟也无力。

【典出】战国·庄子《逍遥游》

【原文】其视下也，亦若是则已矣。且夫水之积也不厚，则其负大舟也无力。覆杯水于坳堂之上，则芥为之舟；置杯焉则胶，水浅而舟大也。风之积也不厚，则其负大翼也无力，故九万里则风斯在下矣。

【释义】水不够深，那就没有能够担负大船的力量。

做人做事，都要踏实和扎实。所谓“水之积也不厚，则其负大舟也无力”。知识储备不足、视野不够，必然在工作中容易捉襟见肘，更谈不上游刃有余。工作和生活，都是这个道理。以当老师为例，扎实的知识功底、过硬的教学能力、勤勉的教学态度、科学的教学方法是老师的基本素质，其中知识是根本基础。国外有教育家说过：“为了使学生获得一点知识的亮光，教师应吸进整个光的海洋。”在信息时代做好老师，自己所知道的必须大大超过要教给学生的范围，不仅要有胜任教学的专业知识，还要有广博的通用知识和宽阔的胸怀视野。好老师还应该是智慧型的老师，具备学习、处世、生活、育人的智慧，既授人以鱼，又授人以渔，能够在各个方面给学生以帮助和指导。学生往往可以原谅老师严厉刻板，但不能原谅老师学识浅薄。

充见之不若知之，知之不若行之。

【典出】战国·荀况《荀子·儒效》[1]

【原文】不闻不若闻之，闻之不若见之，见之不若知之，知之不若行之，学至于行之而止矣。

【释义】看见不如了解，了解不如践行。

〔1〕 荀子（约前313—前238），名况，字卿，赵人，战国末期的儒学大师。古书中常作孙卿。他学识渊博，继承儒家学说并有所发展，还能吸收别家之长，在儒家中自成一派。比如他主张性恶论，就和同为儒家的孟子针锋相对。他也很重视礼，认为礼在调解社会关系方面起到重要作用，其治理思想是礼法兼用、王霸并重。《荀子》一书经西汉刘向编定，共有三十二篇，唐杨沦改为二十卷。一般认为，《劝学》《王霸》《性恶》等篇，都是荀子自己的作品。

此言主要是指学习的时候，见到不如去深入了解，深入了解不如用时间去检验。这与“读万卷书，行万里路”同义，与“实践是检验真理的唯一标准”也不谋而合。两者都强调了实践的重要性。

见善则迁，有过则改。[1]

【典出】《易传·象下·益》

【原文】风雷，益。君子以见善则迁，有过则改。

【释义】见到好的要学习改进，有了错误要及时改正。

〔1〕《周易》成书于殷周之际，亦称《易经》，简称《易》。后人视为《周易》之一部分的《易传》成书于战国时期。“易”有变易（变、化）、简易（执简驭繁）和不易（相对永恒不变）三义。传说周文王演易，由卦、爻两种符号重叠演成六十四卦、三百八十四爻，依据卦象推测吉凶。《周易》包含世界观、伦理学说和丰富的朴素辩证法，在中国哲学史上占有重要地位，对中国文化产生了巨大的影响。

这段话，出自“益”卦的“大象”。“益”卦是下震上巽，震为雷，巽为风，所以“大象”说，“风雷，益。君子以见善则迁，有过则改”。从占卜的角度来说，这是个有利于做事的卦，做事业的形势比较稳定，但是客方的制约力量也很强大，所以主方必须积极主动、小心谨慎。所以，做事不仅要雷厉风行，锐意进取，还要在这个过程中不断完善自己。完善自己的方法有两种：第一，发现别人的优点，然后学习；第二发现自己的缺点，然后改正。这就是“益”卦给人的启示。

诚既勇兮又以武，
终刚强兮不可凌。
身既死兮神以灵，
魂魄毅兮为鬼雄。

【典出】战国·屈原〔1〕《九歌·国殇》〔2〕

【原文】操吴戈兮被犀甲，车错毂兮短兵接。旌蔽日兮敌若云，矢交坠兮士争先。凌余阵兮躐余行，左骖殪兮右刃伤。霾两轮兮絷四马，援玉枹兮击鸣鼓。天时怼兮威灵怒，严杀尽兮弃原野。出不入兮往不反，平原忽兮路超远。带长剑兮挟秦弓，首身离兮心不惩。诚既勇兮又以武，终刚强兮不可凌。身既死兮神以灵，魂魄毅兮为鬼雄。

【释义】那些为国献身的将士们，不仅具有勇于冲锋陷阵的气概，更具誓死不屈的精神。肉体的消亡不代表他们精神的泯灭，即使成为魂魄也是魂魄的中的英雄。

---

〔1〕 屈原（约前340—约前278），战国时期楚国政治家，中国最早的大诗人。名平，字原，又自云名正则，号灵均。学识渊博，初辅佐楚怀王，任三闾大夫、左徒。主张对内举贤能，修明法度，对外力主联齐抗秦。因遭贵族排挤，被流放沅湘流域。后因楚国政治腐败，首都郢被秦攻破，既无力挽救，又深感政治理想无法实现，遂投汨罗江而死。

〔2〕《九歌·国殇》是战国时期楚国伟大诗人屈原的作品，是追悼楚国阵亡士卒的挽诗。

在孔子的弟子中，颜回最为夫子喜欢，可惜一辈子穷困潦倒，除了志于道外，没做出什么惊天动地的大事来。而另外一个时常被孔子敲打的弟子——子路，在历史的记载中，却异常鲜活可爱。他性格伉直，时常顶撞孔子，但内心又非常尊敬孔子。他是少数几个孔门弟子里有过仕途经历的，最后也因此在卫国内乱中被杀，砍成肉泥。死前还不忘端正衣冠而就刑。

子路这种勇毅的性格颇有豪侠之风。有些人总结中国人的性格，多以为逆来顺受多，抗争意识少，文弱谦卑多，勇猛刚毅少，虚与委蛇多，直率天真少。但如果我们翻看史书，像子路这样的人物并不在少数，这也是我们中国文化中有血性的另一面。只不过在千年的集权社会中，压抑太久，但从来没有消失。它更像文化长河中的暗流，在政权动荡和民族危亡的时刻爆发出来，成就一个个英雄。

但长久以来，我们对中国文化的理解和研究，过于局限于宋以后文人创造的安静文化，而忘记了在中国文化的源头存在过的勇毅文化。所以有人说，宋以后的中国文化日趋内向和柔弱，严重影响了我们对中国文化的整体认知，这不无道理。

桃李不言，下自成蹊。

【典出】西汉·司马迁《史记·李将军列传》

【原文】谚曰："桃李不言，下自成蹊。"此言虽小，可以谕大也。

【释义】桃树和李树并不说话，但因它有花和果实，人们在它下面走来走去，就走成了一条小路。

司马迁所敬仰的“飞将军”李广，虽然其貌不扬，也并非口绽莲花、滔滔不绝之人；但当他死的时候，天下之人全都为之感到哀伤。为什么？他的“忠实心诚信于士大夫也”。这是他的个人魅力、个人品行的感召力。

推而广之，很多事情也是如此。真正有吸引力的人、事、城市和国家，并不一定需要在口头上进行大肆宣扬，人们会自觉地向其靠拢，“用脚投票”。而人们的自主选择，也代表了真正的影响力。而要做到这一点，自己首先要变成“桃李”，拥有花朵和芬芳，然后等待人们到来。这并非是说完全不用宣传、好酒不怕巷子深，而是对于自身修行、苦练内功的重视。

行百里者半九十。

【典出】《战国策·秦策五》[1]

【原文】诗云："行百里者半于九十。"此言末路之难也。

【释义】一百里的路程，走到九十里也只能算是才开始一半而已。比喻做事愈接近成功愈困难，愈要认真对待。

〔1〕《战国策》是一部国别体史书，又称《国策》《短长书》。主要记述了战国时期的纵横家的政治主张和策略，是研究战国历史的重要典籍。全书按东周、西周、秦国、齐国、楚国、赵国、魏国、韩国、燕国、宋国、卫国、中山国依次分国编写，分为十二策，三十三卷，共四百九十七篇，约十二万字。所记载的历史，上起公元前490年智伯灭范氏，下至公元前221年高渐离以筑击秦始皇。《战国策》文辞优美，语言生动，富于雄辩与运筹的机智，描写人物绘声绘色，常用寓言阐述道理，著名的寓言有"画蛇添足""狡兔三窟""亡羊补牢""狐假虎威""南辕北辙"等。《战国策》作者并非一人，成书并非一时，书中文章作者大多不知是谁。西汉末刘向编定为三十三篇，书名亦为刘向所拟定。宋时已有缺失，由曾巩作了订补。有东汉高诱注，今残缺。宋代鲍彪改变了原书次序，作了新注。今人缪文远有《战国策新注》。

常言道，“万事开头难”。其实，我们在日常生活中仔细体验就会发现，为人处世不仅开头难，善始善终、善做善成更难。“行百里者半九十”说的就是这个道理。比如，读一本书，开始很有兴趣，但读到后面头绪渐多、眼睛渐乏，很容易就放下了，结果成了小孩子口中常说的那个“读书读一半，吃饭吃一半”的“半半”。

做事如此，做人更是如此，有许多人刚刚进入社会时，是立志要清白做人、清廉为官、改造社会、造福百姓的，在很长一段时间里，也的确是如此做的。但是，随着社会地位越来越高，受到的各种诱惑越来越多，就把持不住自己了，最终落得一个违纪犯罪，锒铛入狱的下场。这样的教训很深刻，关键还是在于理想信念丢失了，定力修为不够了。所以，人生价值观不仅“第一粒扣子”要扣好，每一粒扣子都应该扣仔细、扣到位，切不可“为山九仞，功亏一篑”。

冰冻三尺，非一日之寒

【典出】东汉·王充《论衡·状留篇》[1]

【原文】故夫河冰结合，非一日之寒；积土成山，非斯须之作。

【释义】表面意义是冰冻了三尺，并不是一天的寒冷所能达到的效果。比喻一种情况的形成，是经过长时间的积累、酝酿的。任何事的发生都有其潜在的，长期存在的因素，不是突然之间就可以形成的。

〔1〕《论衡》，东汉王充撰。王充（27—97），字仲任，祖籍魏郡元城（今河北邯郸），会稽上虞人。少孤，后负笈京师，拜在班彪门下。博览群书，有过目不忘之天资。一生仕途不畅，仅作过几任郡县僚属。东汉时，儒家思想已占据意识形态领域之统治地位，但汉儒逐渐将其发展成了带有神秘主义和迷信色彩的谶纬图说。其代表有董仲舒的“天人感应”说及班固的《白虎通义》，以神秘化的阴阳五行为基础，对照解释自然、伦理与社会生活，认为人间之事总有“天”和神秘力量作支配。具有朴素唯物主义思想的无神论著作《论衡》就是为反对此种思想写就的。其以道家思想为宗，将“气”作为核心范畴，构建出宇宙生成模式，主张生死自然，提倡薄葬，力图“冀悟迷惑之心，使知虚实之分”。除了批判汉代儒术，《论衡》还对先秦以来的思想流派进行了批判，在礼法、鬼神、性命、性善性恶等领域都进行了颇有见地的阐述，不啻为中国哲学史上一部划时代著作。袁崧《后汉书》载曰：“蔡邕入吴，始见之（《论衡》），以为谈助。谈助之言，可以了此书矣。其论可云‘允惬’。此所以攻之者众，而好之者终不绝欤。”

关于积累的道理，古代哲人表述了很多。老子说过：九层之台起于累土，千里之行始于足下；荀子也说过：不积跬步，无以至千里，不积小流，无以成江海。王充的这句话，也是同样的意思。

“共产主义不是一日建成的”，凡事都需要经历从量变到质变的过程，这是客观规律。不要幻想着一口吃成胖子，也不要幻想着一步跨入共产主义。反过来，很多社会的痼疾，也是长久积累的结果，需要抽丝剥茧，治乱绳不可急。

但这并不是历史宿命论，人的主观能动性就表现在能不能抓好眼前。从这点来说，“一代人要有一代人的作为，一代人要有一代人的贡献，一代人要有一代人的牺牲”是非常准确的，我们既不能把矛盾的责任推脱给上辈，也不能消极怠工将矛盾交给子孙。改革是接力赛，每一代人都没有懈怠的理由。

聪者听于无声，明者见于未形。

【典出】东汉·班固《汉书·伍被传》[1]

【原文】聪者听于无声，明者见于未形。

【释义】聪慧明智、思虑通达的人，善于观察、思考、深辨、细究，掌握事物的发展规律和发展方向，作出正确的判断，故能洞察事物的未来，于无声处听有声，于无形处见有形，有先见之明。

〔1〕《汉书》，又称《前汉书》，主要由东汉历史学家班固编撰，是中国第一部纪传体断代史，“二十四史”之一，与《史记》《后汉书》《三国志》并称为“前四史”。全书主要记述了上起西汉的汉高祖元年（前206），下至新朝的王莽地皇四年（23），共二百三十年的史事。《汉书》包括纪十二篇，表八篇，志十篇，传七十篇，共一百篇，后人划分为一百二十卷，共八十万字。

《汉书》的语言庄严工整，多用排偶、古字古词，遣词造句非常典雅，与《史记》平畅的口语化文字形成了鲜明的对照，也是文学史上的经典作品。

中医讲“上医治未病，中医治欲病，下医治已病”，事物的发展总是经历一个阶段，高明的大夫能够在一个更长的时间段中把握人体的生长规律，从而做到预防疾病的目的。而普通的医生只能被动地应付疾病。

这也是我们时常提到的把握历史规律和大势的道理，“于无声处听惊雷”，这是真正的大智慧。

无论是个体也好，国家治理者也好，培养长远的历史眼光总是不错的。每个人都身处历史洪流，既为历史所裹挟，也在创造新的历史。不过这历史到底是“正历史”还是“负历史”，是助推还是阻碍历史前行，历史上有不少成功案例，更有很多惨痛教训。不过，每一个历史转折点上，先知与后知未必都能合拍，甚至先知成了庸愚后知的牺牲，历史又以如此冷酷吊诡的方式写下一段段荒唐，可叹！

有志者事竟成

【典出】南朝·范晔《后汉书·耿弇传》〔1〕

【原文】将军前在南阳，建此大策，常以为落落难合，有志者事竟成也。

【释义】有志向的人，最终会成功。

〔1〕《后汉书》是一部由我国南朝宋时期的历史学家范晔编撰的记载东汉历史的纪传体史书。书中分十纪、八十列传和八志（司马彪续作），全书主要记述了上起东汉的汉光武帝建武元年（公元25年），下至汉献帝建安二十五年（公元220年），共一百九十五年的史事。

这句成语，更为令人熟知的提法，来自蒲松龄的自勉名句："有志者事竟成，破釜沉舟，百二秦关终属楚；苦心人天不负，卧薪尝胆，三千越甲可吞吴。"历史人物故事告诉我们，人一定要先立志，以此目标和方向，就不会走偏。志向有大有小，立意有高有低，如果想有所成就，就先要看得远一点、立志大一点。如果还没做事，就先抱着得过且过的心态，那终会沦为平庸。立志高远，在追求过程中就难免会遇到困难，所以还要脚踏实地、肯于坚持，有"卧薪尝胆"的吃苦勇气，才能实现当初立下的大志，不负初心。

笼天地于形内，
挫万物于笔端。

【典出】西晋·陆机《文赋》

【原文】罄澄心以凝思，眇众虑而为言。笼天地于形内，挫万物于笔端。始踯躅于燥吻，终流离于濡翰。

【释义】将广阔的天地概括进形象之内，把纷纭的万物融会于笔端之下。

陆机的这句描写文艺创作的经典表述，其实有着深刻的意涵在内：为文，是要装着天地、万物在心中的。在中国古典传统中，“文”具有着非常高的地位，无论是修身养性，还是为官为道，都需要“文”。陆机也将“文”的地位提得很高：这不是单纯的舞文弄墨、风花雪月的小情感，而是天地之道、万物之命在其间的。

而在今天的语境中审视这句话，其实最需要理解的就是其中体现出的责任感。无论是文艺创作，还是个人修身，抑或日常工作，都要有专业素养、有人格修为、有社会责任感。在市场经济的条件下，我们要处理好“义”与“利”的关系，既不必完全鄙视物质利益，也不能完全物质利益至上。在高度的责任感下，才能有价值、美德的追求。

取法于上，仅得为中；取法于中，故为其下。

【典出】唐·李世民《帝范·崇文第十二》

【原文】取法于上，仅得为中；取法于中，故为其下。自非上德，不可效焉。

【释义】以上等作为标准，只能收到中等的效果；以中等作为标准，只能收到下等的效果。

取乎法上得乎中，取乎法中得乎下。李世民的这句话，引用的是老子的格言，讲求的首先是一个“递减”的道理：当标准定得很高的时候，效果往往中等；但如果预先定了中等的标准，那么也许只能收到下等的效果。这是在讲实际的操作。毕竟实践和理论不一定相同，往往存在很多复杂性，而“不如意事常八九”。

但如果反过来想，这句话又有另外的意思：即使你想得到下等的效果，也要定成中等的标准；如果要取得更好的效果，就要有更高的标准要求。李世民的这句话，实际上也是对自己、也是对后代的要求——先给自己定下高标准，师法“圣主”、参考历史镜鉴，才能对当下的治理更有好处。

这句话对于个人修身同样有借鉴意义。如果仅仅满足于“比上不足、比下有余”，那么永远也达不到“上”的地步。毕竟，这个世界上，比自己有天赋、同时比自己更努力的人比比皆是。只有永远以更优秀的人为标准，才有不断追赶的动力；而在不断的追赶和努力中，自己的人生也就有了意义。这就要求我们，要志存高远，有“望尽天涯路”的追求，耐得住“昨夜西风凋碧树”的清冷和“独上高楼”的寂寞，即便是“衣带渐宽”也“终不悔”，即便是“人憔悴”也心甘情愿，最后达到“众里寻他千百度”，“蓦然回首，那人却在，灯火阑珊处”的境界。

人事有代谢，
往来成古今。

【典出】唐·孟浩然《与诸子登岘山》

【原文】人事有代谢，往来成古今。江山留胜迹，我辈复登临。水落鱼梁浅，天寒梦泽深。羊公碑字在，读罢泪沾襟。

【释义】人世间的事情都有更替变化，来来往往的时日形成了古和今。

历史思维是中国文化传统中非常重要的一种思维方式。中国有明文记载的历史，属举世之最久；放眼世界范围，中国人对于历史的钟爱、研究之绵延和深刻，也是少见的。在中国浩如烟海的古诗中，也有一种独特的题材："咏史"。

历史对于当下有什么作用呢？中国古人常说"以史为鉴"，人类社会的兴亡发展，以及在这一过程中曾经出现过的成绩、挫折、经验和弯路，都是历史能给现实提供的借鉴。忘记历史意味着背叛，有了历史，我们才能更清楚地知道自己从哪儿来、走过哪些路、将要到哪里去。对于任何一名有志于读懂中国、并且希望在当下有所作为的中华儿女来说，历史也是一本读不完的大书。

"刚日读经、柔日读史"，也曾是中国古代读书人的一种典型习惯。这种习惯告诉我们：不仅要从"经"中读出做人做事的道理、为人处世的原则、修齐治平的本领，更要与历史相结合，有超越当下、纵横古今的思维。

千淘万漉虽辛苦，
吹尽狂沙始到金。

【典出】唐·刘禹锡《浪淘沙九首》

【原文】莫道谗言如浪深，莫言迁客似沙沉。千淘万漉虽辛苦，吹尽狂沙始到金。

【释义】千遍万遍地过滤泥沙虽然辛苦，但只有淘尽了泥沙，才会露出闪亮的黄金。

俗话说，“是金子总会发光的”，这句话的前提，得是真的金子。所以孔子曾说，“不患人之不己知，患其不能也”。就是说，不怕别人不了解我，怕自己能力不足、水平不够。孔子还说过，“不患人之不己知，患不知人”。就是说，不怕别人不了解我，怕自己对别人了解得不够。这两句话，说的都是人之间的相互认识。不管是让别人认识自己，还是自己了解别人，都不是一件很容易的事情，既需要从容淡定的心态，又需要千淘万漉的意志，关键在于持之以恒地修炼自己。所谓“路遥知马力，日久见人心”，说的也是这个道理。

傅抱石 《黄河清》

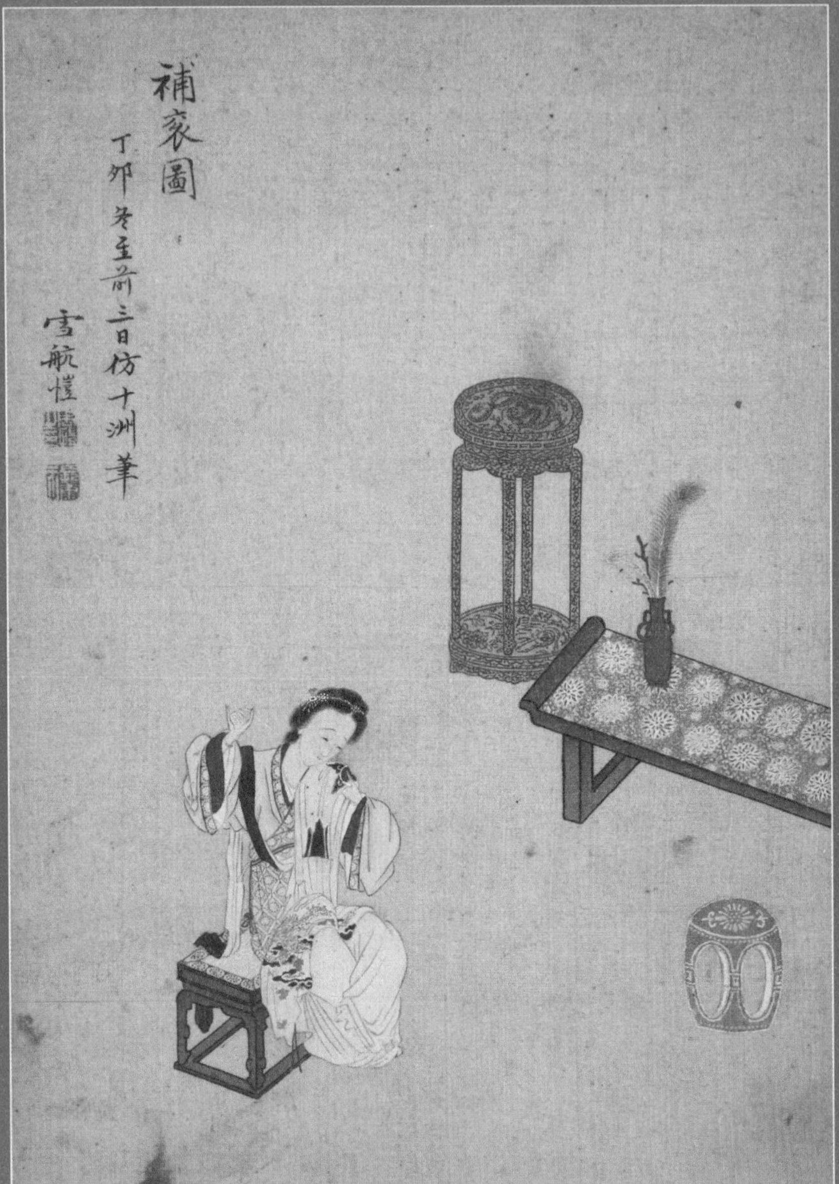

清·周恺 《补衮图》

欲穷千里目，
更上一层楼。

【典出】唐·王之涣《登鹳雀楼》

【原文】白日依山尽，黄河入海流。欲穷千里目，更上一层楼。

【释义】意指要想看到无穷无尽的美丽景色，应当再登上一层楼。比喻想要取得更大的成功，就要付出更多的努力；要想在某一个问题上有所突破，可以在一个更高的角度审视它。

中国人喜欢用"格局"两个字来形容气度、品质。一人有一人的格局，有些人格局狭隘，遇事斤斤计较，有些人格局开阔，遇事能想长远；一国也有一国的格局，闭关锁国，夜郎自大者有之，到头来自绝于历史大势，开放自强，虚心学习者有之，其未来便不可限量。

但是，人又是历史的动物，在历史的滚滚大潮中，绝大多数都是泥沙俱下，随波逐流。历史上，个体和国家的发展，限制于个人或统治阶层的知识、眼界太多，从而在很多重要的历史转折关头，失去了判断能力。世界航海大发现时代到来，中国却实行了"海禁"，工业化大潮席卷而来，我们还习惯于延续千年的小农耕作。当然，三十多年前，我们也抓住了信息化革命的机会窗口，开始了改革开放，中国的面貌焕然一新。

"欲穷千里目，更上一层楼"，很多人沉迷于眼前的风景，忘记了更广阔的前景。登楼也是一种勇气。

莫道桑榆晚，
为霞尚满天。

【典出】唐·刘禹锡《酬乐天咏志见示》

【原文】人谁不愿老，老去有谁怜？身瘦带频减，发稀冠自偏。废书缘惜眼，多炙为随年。经事还谙事，阅人如阅川。细思皆幸矣，下此便翛然。莫道桑榆晚，为霞尚满天。

【释义】不要说日到桑榆已是晚景了，而撒出的晚霞还可以照得满天彤红、灿烂无比。比喻豁达乐观的人生态度。

中国共产党一向重视且尊敬老同志，不光是因为在过去的革命与改革进程中，他们立下诸多汗马功劳，值得这样的尊重，也因为老同志的丰富经验，对于今天的改革发展来说，仍然是一笔宝贵的财富。

过去的光荣历史，需要老同志们珍惜，他们身上的光荣传统和优良作风，需要老同志们继续发扬，以身作则。在全社会尊重老同志、爱护老同志、学习老同志的氛围下，老同志们也应该以豁达乐观的人生态度，继续为实现“两个一百年”奋斗目标、实现中华民族伟大复兴的中国梦作出积极贡献。

师者，所以传道授业解惑也。

【典出】唐·韩愈《师说》

【原文】古之学者必有师。师者，所以传道授业解惑也。

【释义】老师，是传授道理、交给学业、解释疑难问题的人。

唐代韩愈说："师者，所以传道授业解惑也。"当老师，"传道"是第一位的，其次是教授学业，答疑释惑。"传道"，首先应该传的是"理想信念"，做好老师，要有理想信念，不能想象一个没有正确理想信念的人能够成为好老师。陶行知先生说，教师是"千教万教，教人求真"，学生是"千学万学，学做真人"。个人在追求方面也是如此，首先要有理想信念，其次才是精通业务，减少疑惑。孔子讲："吾十有五而志于学，三十而立，四十而不惑，五十而知天命，六十而耳顺，七十而从心所欲，不逾矩。"从顺序上看，"志"在前，"而立"和"不惑"在后。

经师易求，人师难得。

【典出】唐·令狐德棻、岑文本、崔仁师《北周书·卢诞传》

【原文】魏帝诏曰：“经师易求，人师难得。朕诸儿稍长，欲令卿为师。”

【释义】能以其精湛的专业知识传授他人（作经师）并不难；而能以其渊博的学识、高尚的人格修养去教人如何做人（作人师）却很难。

古人云:“经师易求，人师难得。”能够教好学生做学问的老师好找，能够教好学生做人的老师不好找。而一个优秀的老师，应该是“经师”和“人师”的统一，既要精于“授业”“解惑”，更要以“传道”为责任和使命。好老师心中要有国家和民族，要明确意识到肩负的国家使命和社会责任。同样的道理，一个人也一样，既要有一定的业务专长，同时也要有理想信念。而对于官员来说，则是要德才兼备，以德为先，既要能够治理国家，管好自己分内的事，也要在做人方面努力成为楷模。

博观而约取，
厚积而薄发。

【典出】北宋·苏轼《稼说送张琥》

【原文】呜呼，吾子其去此而务学也哉！博观而约取，厚积而薄发。吾告子止于此矣。

【释义】只有广见博识，才能择其精要者而取之；只有积累丰厚，才能得心应手为我用。

中华民族历来重视学习，学习需要方法，历来强调，强调“博观而约取，厚积而薄发”，强调“三人行，必有我师焉。择其善者而从之，其不善者而改之”，提倡“博学之，审问之，慎思之，明辨之，笃行之”。个人需要，执政党同样需要。中国共产党历来重视抓全党特别是领导干部的学习，这是推动党和人民事业发展的一条成功经验。学习需要带头，几乎每月一次，中央政治局都要组织一次集体学习。

好学才能上进。学习需要兴趣，“知之者不如好之者，好之者不如乐之者”。此外，学习需要问题意识，导向意识，“学而不思则罔，思而不学则殆”。当然，学习要善于挤时间。中央强调要转变工作作风，能不能多一点学习、多一点思考，少一点无谓的应酬、少一点形式主义的东西，这也是转变工作作风的重要内容。“领导干部一定要把学习放在很重要的位置上，如饥似渴地学习，哪怕一天挤出半小时，即使读几页书，只要坚持下去，必定会积少成多、积沙成塔，积跬步以至千里。”

文起八代之衰，而道济天下之溺。

【典出】北宋·苏轼《潮州韩文公庙碑》

【原文】文起八代之衰，而道济天下之溺；忠犯人主之怒，而勇夺三军之帅。此岂非参天地，关盛衰，浩然而独存者乎？

【释义】他的文章使八代以来的衰败文风，得到振兴，他对道理的宣扬，使天下人在沉溺中得到拯救。

此为苏轼盛赞韩愈的经典词句，赞扬了韩愈领导的“古文运动”对文学的历史贡献。“古文运动”是韩愈针对唐朝时期骈体文占统治地位的状况，为了扭转文风，恢复秦汉时散文的优良传统，与柳宗元发起的。“古文运动”对文学的贡献可供现代借鉴。现在，我们写文章也是一样的，在阐述一件事或一个道理的时候，尽量做到明白晓畅，让读者能够尽量低成本地接受到写作者传达的信息。

百尺竿头，
更进一步。

【典出】北宋·释道原《景德传灯录》[1]

【原文】示一偈曰："百丈竿头不动人，虽然得入未为真。百尺竿头须进步，十方世界是全身。

【释义】即使修行到百尺竿头的顶端，仍然不能松劲自满，也绝对不能中辍，才会取得更大的进步。

〔1〕《景德传灯录》为宋真宗年间释道原所撰之禅宗灯史。其书集录自过去七佛，及历代禅宗诸祖五家五十二世，共一千七百零一人之传灯法系。此书编成之后，道原诣阙奉进，宋真宗命杨亿等人加以勘定，并敕准编入大藏流通。《景德传灯录》在宋、元、明各代流行颇广，特别是对宋代教界文坛产生过很大的影响。

进步没有止境，懈怠必然退步。所谓“百尺竿头，更进一步”。百尺竿头，即百尺高的竿子，佛教比喻道行修养的极高境界，也称作“百丈竿头”。学问、成就等达到了“百尺竿头”，到了很高程度以后，仍需继续努力。这种进取精神，不止体现在个人方面。之于国家，中国经济发展势头良好，但中国仍有很强的危机意识，从中不断发现问题，提出“经济新常态”“供给侧结构性调整”等概念，不断进行各项领域的改革。在外交场合，中国不断阐述中国和平发展道路，强调中国与友好国家的合作，应该百尺竿头、更进一步，共同开创更加美好未来，共同谱写和平、稳定、繁荣新篇章。

玉不琢，不成器；人不学，不知义。

【典出】《三字经》[1]

【原文】同引用。

【释义】玉不打磨雕刻，不会成为精美的器物；人若是不学习，就不懂“义”的真谛。

〔1〕《三字经》是中国的传统启蒙教材。在中国古代经典当中，《三字经》是最浅显易懂的读本之一，与《百家姓》《千字文》并称为中国传统蒙学三大读物，合称“三百千”。《三字经》核心思想包括了“仁、义、诚、敬、孝”。

古人说，君子温润如玉。玉是美好的石头，君子是高尚的人。玉藏在粗粝的石头中，不去雕琢打磨，再美好的玉，也难以变成人们欣赏的玉器。同样，君子也不是天生的，而是必须通过不断学习，懂得义的真谛，才能炼成。自孔子以后，中国古人历来看重君子和小人之分，始终强调君子的概念来自高尚的道德，而非高贵的血统。什么才是君子高尚的道德呢？就是懂得“义”的道理，践行“义”的教导。这里的“义”，也是一个与时俱进的概念，本质上就是指一个时代的核心价值观。对今天的我们来说，就是要通过持续、反复、深入地学习和践行社会主义核心价值观，成长为一个当代“君子”，一个“爱国、敬业、诚信、友善”的大国公民。

只要功夫深，铁杵磨成针。

【典出】《方舆胜览·眉州·磨针溪》[1]

【原文】世传李白读书象耳山中，学业未成，即弃去，“过是溪，逢老媪方磨铁杵，问之，曰：‘欲作针。’太白感其意，还卒业”。

【释义】比喻只要有决心，肯下功夫，多么难的事也能做成功。

〔1〕《方舆胜览》是南宋时祝穆编撰的地理类书籍，全书共七十卷。主要记载了南宋临安府所辖地区的郡名、风俗、人物、题咏等内容。

如果以我们的聪明来看，这老太太肯定是“老糊涂”，一根铁杵做什么不好，偏要磨出一根绣花针，成本过高，收益太小，不合理性。至于老太太是不是学堂老师安排的“托儿”，那是另一个故事，我们只是借助这么一个夸张的传说，讲一讲用功的道理。

道理非常简单，难的还是坚持。中国人修身特别讲究平易，烧水砍柴、念经吃饭无不是在修行，只不过有些人烧水的时候想着砍柴，念经的时候想着吃饭，心猿意马，事倍功半。所以，很多人刚开始接触中国哲学的时候，总觉得说得太简单，殊不知中国的学问是“知行合一”的学问。成圣成仁，不是言语上的摇曳多姿，而是在行动上的敦实力行。

金无足赤，人无完人。

【典出】宋·戴复古《寄兴》

【原文】黄金无足色，白璧有微瑕。求人不求备，妾愿老君家。

【释义】世界上本来就没有十全十美的人，金子也没有十足之赤。人有优点和缺点。也比喻不能要求一个人没有一点缺点错误。

“人无完人”可以从两方面看：一方面是要容忍世界上“无完人”的事实，不苛责他人。所谓“水至清则无鱼”，而“海纳百川，有容乃大”，做人做事最能体现大气魄的地方就在于要有容人之量。既要能容忍与己相异的不同意见，也要能包容他人的差错失误，可以做到抓大放小。另一方面也可以说，“人无完人”是一种自我警示。只有清醒地认识到自己不可能是“完人”，才能端正心态，当他人指出你的错误时，能够理智思考、虚心接受，而不是自以为是、拒绝改变。只有时刻清醒地认识到这一点，才能保持虚心态度，不断进步，从而成就更好的自己。

闭门觅句非诗法，
只是征行自有诗。

【典出】宋·杨万里《下横山滩头望金华山四首其二》

【原文】山思江情不负伊，雨姿晴态总成奇。闭门觅句非诗法，只是征行自有诗。

【释义】关起门来寻觅句子不是作诗的方法，只要出门远行便能写出好诗。

闭门造车、坐井观天……在中国的成语中，有太多类似的意思。不走出去看世界、不深入社会和生活，无论是写诗还是其他形式的创作，都注定不可能有深刻的作品出现。所以中国古代才会强调“读万卷书、行万里路”，读书和行路的重要性是相同的，甚至行路更胜一筹。从司马迁到李白再到徐霞客，中国文人始终有年轻时“壮游”的传统——在年轻时走出去，看一看广阔天地，无论对于创作，还是对于一个人人格的形成、对世界和事物看法的形成，都是极有好处的。

为什么这么强调“壮游”和“征行”？因为它打开了世界的向度。对一个人来说，局限于一地、一时，或将自己封闭在自己的世界空间里，对于生命的维度来说还是不完整的。所谓“见多识广”，就是这个意思。只有把自己投入到不同人群的生活中去，见识不同的风俗、习惯，像加缪所言那样，看一个城市，“看那里的人如何过活、如何相爱和死去”，对于人类的理解才会更加完整。

时穷节乃见，一一垂丹青。

【典出】南宋·文天祥《正气歌》

【原文】皇路当清夷，含和吐明庭。时穷节乃见，一一垂丹青。在齐太史简，在晋董狐笔。

【释义】在危难的关头，一个人的节操才能显现出来。而那些崭露出了气节的人，都会青史留名。

20 世纪，曾经风靡一时的哲学流派存在主义有一个核心观点：判断一个人是怎样的人，需要从他在关键时刻的行为上来看。这与文天祥这句诗不谋而合：在太平盛世年代，高呼口号与赞歌并不算什么本事；在国家危亡的关头挺身而出，才是真正的英雄行为。文天祥在诗中列举了中国历史上一系列这样的人物和事迹：张良在博浪沙投向秦始皇的长椎、在大漠中牧羊十九年的苏武、不与世俗同流合污的嵇康、出师未捷身先死的诸葛亮等。而他本人，也在国破家亡的历史关头亮出了气节、留下了美名。

到近代，从救亡图存的启蒙，到轰轰烈烈的抗战，为了争独立、争解放、争自由，无数仁人志士抛头颅洒热血。每一个时代都呼唤英雄，更呼唤的是那种为了理想信念不惜生命的精神。和平年代，谈论这些也并不奢侈——毕竟，每一个宏大的历史目标，都需要全民族的每个人踏踏实实地从自身做起，实干兴邦。

路遥知马力，日久见人心。

【典出】元《争报恩》[1]

【原文】同引用

【释义】路途遥远才能知道马力气的大小，日子长了才能看出人心的好坏。

[1]《争报恩》是元朝无名氏撰，又名《三虎下山》，全名《争报恩三虎下山》。本剧演梁山好汉关胜、徐宁、花荣驱奸扶正的故事。

以前有句话说，“待五百年后人论定”，在认不清形势时，等一等，在看不清一个人的本质时，沉一沉，因为时间是最好的检验员。

考察干部的时候也是如此，我们之所以要强调让更多的年轻干部到基层磨砺、摔打，一方面是因为基层生态复杂，在复杂中才能见得一个人的纯粹，也能见得一个人的能力；另一方面也是因为干部一旦进入晋升快车道，容易虚浮，职级上去了，能力没上去，组织也没法在一个较长的时间段内对干部的品德和能力做一细致的考察。因此，我们培养干部，磨砺的时间不妨长一点，锻炼的平台不妨多一点，人才需养，要厚积薄发。

志不立，天下无可成之事。

【典出】明·王守仁《教条示龙场诸生》

【原文】志不立，天下无可成之事。虽百工技艺，未有不本于志者。今学者旷废隳惰，玩岁愒时，而百无所成，皆由于志之未立耳。

【释义】不立下志向，天下没有可以做成的事关于立志是我们最耳熟能详的了，王阳明先生的这两句话是“立志、勤学、改过、责善”中的基础。人不能没有理想，合作不能缺少方向。我们要面向未来、引领未来，谋划大手笔，塑造大格局。

从个人的角度来看，立志也就是在做事前确定一个明确的目标，目标确定以后，向这个目标努力，目标才容易实现。但还是那句老话，常立志不如立长志。

学贵知疑，
小疑则小进，
大疑则大进。

【典出】明·陈献章《白沙子·与张廷实》

【原文】学贵知疑，小疑则小进，大疑则大进。疑者，觉悟之机也。

【释义】学习可贵之处，在于通过思考合理怀疑。小的怀疑导致小的进步，大的怀疑导致大的进步。

有追求的人，一生都在不断学习。而在学习的过程中，“死读书”的方式则是一种浪费。所谓“尽信书不如无书”，提倡的是在学习中要加入自己的思考。“学贵知疑”，这种“疑”不是没有道理的怀疑和偏执，而是在理性思考的基础上，对于权威、对于外来知识保持一种思辨的态度。“学而不思则罔，思而不学则殆”正是这个道理。无论是在个人的工作中，还是在整个国家的发展中，也都是如此。我们需要借鉴他人的经验，需要学习他人长于自己的优点，需要学习先进的方法，但是这种学习不能仅仅停留在“学”上，不能停留在知道了现有知识就满足了的态度上。要有疑、有思，才能在其中找到突破创新的地方，才能找到超越前人的点，真正实现自己的进步。

世事洞明皆学问，人情练达即文章。

【典出】清·曹雪芹《红楼梦·宁府上房对联》[1]

【原文】世事洞明皆学问，人情练达即文章。

【释义】把世间的事弄懂了处处都是学问，把人情世故摸透了处处都是文章。

〔1〕《红楼梦》，中国古典四大名著之一，清代作家曹雪芹创作的章回体长篇小说，又名《石头记》《金玉缘》。

沈从文曾说，不仅要读书本这本“小书”，更要读社会这本“大书”。对于文学创作来说，洞察人性、描写社会，是重要的核心环节；对于一个人的“修身”来说，学校、书本也不只是学习知识的场所，更是学会如何做人、与人相处、学会做事以及寻找人生方向的地方。

对每个个体来说，世事、人情也是和书本知识同样重要的。“人情练达”，可能体现的是“情商”；而“世事洞明”，则是更高的要求，包含对社会历史发展逻辑的认知，而这种认知也是可以从人情练达中提炼升华的。

志士惜年，贤人惜日，圣人惜时。

【典出】清·魏源〔1〕《默觚·学篇三》〔2〕

【原文】志士惜年，贤人惜日，圣人惜时。

【释义】对于时间的珍惜程度，有志的人以年来论，圣贤的人以日来论，圣人以时辰来论。

〔1〕 魏源（1794—1857），清代启蒙思想家、政治家、文学家。名远达，字默深，又字墨生、汉士，号良图。汉族，湖南邵阳人。近代中国“睁眼看世界”的首批知识分子的优秀代表。他认为论学应以“经世致用”为宗旨，提出“变古愈尽，便民愈甚”的变法主张，倡导学习西方先进科学技术，并提出了“师夷长技以制夷”的主张，开启了了解世界、向西方学习的新潮流。

〔2〕《默觚》是中国近代思想家魏源的著作。其中包含了作者的哲学思想。分《学篇》和《治篇》两大部分。在这部《默觚》里，魏源提出了许多关于人才的观点。如论才与德的关系，魏源就说：“专以才取人，必致取利口；专以德取人，必致取乡愿。”

我们都知道“时间就是金钱”这句话，然而，正如同样的财富交给不同的人使用分配，会收获不同的效果一样，同样的时间交给每个人，大家的利用率依然不同。普通人常常得过且过地对待每日的生活，偶尔的偷懒放松并不放在心上，然而当一年年的时间流逝，才发现过往的时间里什么有价值的东西都没留下，一无所得。这样的情形下，只是不断感慨“逝者如斯夫”，又有什么用呢？真正追求上进、有理想、有目标的人，则会对时间的利用非常计较，常有“时不我待”的紧迫感，对于每分每秒都追求最大化利用，这样珍惜时间的人，时间也将给予回馈、不负于他。推而广之，一个国家的发展也要有这样的紧迫感，要制订短期目标、长期规划，要追求创新，要有引领世界发展潮流的意识，这样才能真正走上强国之路。

齐家

齐家，在“修齐治平”中处于中间位置，看上去不大不小，但家庭作为社会生活的基本单元，齐家的作用，怎么强调都不为过。

对于今天的官员来说，这是必须做好的一课。党的十八大以来，反腐工作开展得有声有色，随着越来越多贪腐案的审判，以及中央巡视组整改意见中，比例很大的干部亲属子女违规现象，让我们看到，有太多领导干部正是因为没有约束好家人，或者睁一只眼闭一只眼，而最终身陷囹圄。这并不是偶然现象。

“一人当官全家发财”现象的出现，本质上就是领导身边人靠权力太近，但这不意味着其天然地更容易贪腐。因为管好身边人，本来就是权力正常运行的必修课。

2014 年，中共中央政治局常委、中央纪委书记王岐山曾造访安徽桐城“六尺巷”。这个全长不过 180 米、宽仅 2 米的巷道，正是古人“齐家”的典范之作。彼时清代大学士张英收到一封家书，邻居占用了自家宅旁的空地，张英回了一封传唱千古的家书：“一纸书来只为墙，让他三尺又何妨。长城万里今犹在，不见当年秦始皇。”家人看后，退让三尺，邻居感其义，也退让三尺。六尺巷得名于此。

我们还应看到，对于官员来说，一个正常的家庭生活，对其开展工作有着诸多益处。在八项规定和近几年严抓作风之前，许多官员每日疲于应酬，这很难让人相信他们具有“齐家”的客观条件。如今，让公务员的身边人离他们的工作远一些，也让公务员们在下班后回归正常家庭生活，所导向的，实在是一个多赢的局面。

民生在勤，勤则不匮。

【典出】《左传·宣公十二年》[1]

【原文】同引用

【释义】人民的生计在于勤，勤劳就什么都不会缺了。

〔1〕《左传》是中国古代一部编年体史书，儒家“十三经”之一，相传是春秋末期鲁国史官左丘明为解释孔子的《春秋》而著，共三十五卷。《左传》全称《春秋左氏传》，原名《左氏春秋》，汉朝以后才多称《左传》，是为《春秋》作注解的一部史书，与《公羊传》《穀梁传》合称“春秋三传”。全书所记绝大部分属于春秋时候事件，但全书的完成已经进入战国时期。《左传》起自鲁隐公元年（前722），迄于鲁哀公二十七年（前468），按照鲁国十二公的顺序，按照时间顺序记录了当时各方面的历史，本句引用即出自书中昭公七年（前535）章节。除个别段落外，书中均以第三人称叙事，全书视角广阔，运用了倒序、插叙等多种手法。此书深刻地影响了后世的历史学，也有很高的文学艺术价值。

劳动的意义，在我们这个有着五千年悠久历史的文明古国，早已得到反复印证。唯有双手，才能让人获得解放，更是近现代以来我们不断得到的启示。在一个劳动最光荣的年代，劳动者受尊重、受爱戴，创造时代、引领时代。

年复一年，我们以劳动节、表彰以及形形色色的奖励方式，在全社会鼓励劳动，让劳动成为了这个社会一股自然而然的向上的力量。在通往中国梦的伟大征程上，也正是这些继承自祖先、在这个时代被发扬光大的劳动精神，让我们的奋斗充满力量，充满保障。

良药苦口利于病，忠言逆耳利于行。

【典出】《孔子家语》〔1〕

【原文】同引用。

【释义】良药多数是带苦味的，但却有利于治病；教人从善的语言多数是不太动听的，但有利于人们改正缺点。教育人们应正确对待别人的意见和批评。

〔1〕《孔子家语》又名《孔氏家语》，或简称《家语》，儒家类著作。原书二十七卷，今本为十卷，共四十四篇。是一部记录孔子及孔门弟子思想言行的著作。今传本《孔子家语》共十卷四十四篇，魏王肃注，书后附有王肃序和《后序》。

在一个单位中，特别是在一个团队中，少则三五个人，多则二三十人，要相互磨合、相互配合，共同进步、共同创业，免不了要相互指出不足、经常自我检讨。这也就是我们常说的“批评和自我批评”，中国共产党的“三大法宝”之一。《孔子家语》中的这句话，讲的就是关于批评的道理。首先，批评有两个方面，而不是一个方面，有批评的一方，也有被批评的一方。其次，对这两个方面的态度要求是不同的，批评必须是触及问题甚至触及灵魂的，而不是浅尝辄止、走走过场，批评很可能是逆耳的、不中听的、无法顾及被批评对象的情面的，但批评者不应因此而放弃批评；对被批评者来说，也应该端正态度，把批评视为同志的爱护、善意的释放，而不是记恨在心，将来算账。最后，批评的目的，就是毛泽东同志在《整顿党的作风》一文中所说的，“惩前毖后”，“治病救人”。这也是《孔子家语》为什么拿“良药苦口”来比喻“忠言逆耳”的原因之所在。

以利相交，
利尽则散；
以势相交，
势去则倾；
惟以心相交，
方成其久远。

【典出】隋·王通《中说·礼乐篇》[1]

【原文】以势交者，势倾则绝；以利交者，利穷则散。

【释义】以权势作标准交朋友的，权势失去了，交情也便随之断绝；以利益作标准交朋友的，利益穷尽了，交情也随之结束。

〔1〕 王通（580—617），字仲淹，河东龙门（今山西万荣）人，出身于官宦兼儒学世家，在隋时，为蜀郡司户书佐，隋代大业末年，弃官回故里，潜心著书讲学，成河西大儒，隋唐之际不少名臣如薛收、杜淹、温彦博等均出自其门下。死后，门人私谥其为“文中子”。王通著述对后世影响较大的有《中说》。

《中说》是体现王通思想的重要著作，可能由其弟子汇编而成。此书模仿《论语》，记载了王通与其门人、朋友问答之语，对儒家学说作了比较系统的阐述，且针对南北朝以至隋代的现实，提出了一些新见解、新认识。

中国人交朋友最讨厌的就是“势利眼”，在这些人的心中，交朋友都是以“有用没用”作为选择标准，所谓“利尽则散，势去则倾”。这种人情冷暖在中国人的文学艺术中，得到了最淋漓尽致的表现。

同时，中国也有伯牙与子期的“知音之交”，廉颇与蔺相如的“刎颈之交”，王子猷与戴安道的“君子之交”，刘关张三人的“生死之交”，等等，这些朋友间的交往故事之所以能流传千年，无非是摒除了“利”与“势”的“心交”。或有共同爱好，或有共同心境，或有共同追求，我们都许之为“君子之交”。

人与人的交往如此，国家关系的发展也是如此，说到底要靠人民心通意合。

如果说政治、经济、安全合作是推动国家关系发展的刚力，那么人文交流则是民众加强感情、沟通心灵的柔力。只有使两种力量交汇融通，才能更好地推动各国以诚相待、相即相容。

悠悠天宇旷，
切切故乡情。

【典出】唐·张九龄《西江夜行》

【原文】遥夜人何在，澄潭月里行。悠悠天宇旷，切切故乡情。

【释义】碧波夜月之下行船，天地空旷而茫茫，思乡之情，切切难忘。

家庭、故乡，始终是中国文化中斩不断、“绕指柔”的核心一环。清明、中秋、春节，风雨无阻也要回家的人们，体现出中国人内心最柔软和最核心的情结。在城市化进程轰轰烈烈、地球越来越变作小村庄的时代，“乡愁”就成为许多人的最后一座精神家园。旅居在外的游子思念故乡，远处海外的游子思念祖国。余光中被冠以“乡愁诗人”的名号，也是因为他的诗句切中了大陆和台湾的乡愁。

“看得见山、望得见水、留得住乡愁”，是新兴城镇化进程中要秉持的理念，而它也不仅仅是为了怀旧、思乡的情感——因为，在这种情感的背后，是一整套的文化：“差序格局”的熟人社会、互帮互助的邻里文化、青山绿水的生态环境、以及共享式的发展机会。

今天，有越来越多的人背井离乡来到大城市，也有越来越多的人走出国门。在人口流动的背后，是对自身更好发展的追寻；而为政者要思考的，则是如何把人们留在家乡。如果家乡有足够充分的发展空间和机遇，它的吸引力、尤其对于年轻人的吸引力才会够强。

天地英雄气，
千秋尚凛然。

【典出】唐·刘禹锡《蜀先主庙》

【原文】天地英雄气，千秋尚凛然。势分三足鼎，业复五铢钱。得相能开国，生儿不象贤。凄凉蜀故妓，来舞魏宫前。

【释义】刘备英雄气概充满天地，千秋万代一直令人肃然起敬。

中华民族是一个英雄辈出的民族，也是一个尊重英雄、崇尚英雄、纪念英雄的民族。"英雄"可以体现为很多种面相。历史上，马革裹尸、沙场征战的武将可以是英雄，拼死抗谏、秉笔直书的文官也可以是英雄。在今天，伸出双臂接住坠楼孩子的快递小哥可以是英雄，为病人省钱着想而不用缝合机、手动一针一针缝合数个小时的医生也可以是英雄。

换句话说，判断一个人是"英雄"与否，大事大节前固然容易区分，但和平年代的挺身而出、秉持良善同样如此；英雄的标准不一定在于做出了多么轰轰烈烈的事情，更重要的是那一股"英雄气"——对正义、民族、良善、人性的信念，对丑恶、邪气、歪风的斗争和驱逐。

人们说，社会是个大染缸。但在这个纷繁复杂的大染缸中，能够出淤泥而不染、秉一念而终身的，就是有英雄气的人。在"货币主义""利益主义"横行的今天，我们依然怀念、并希望建设一个有英雄气的社会。

黄宾虹 《江行即景》

黄宾虹　《江上山》

交情郑重金相似。

【典出】唐·白居易《继之尚书自余病来寄遗非一，又蒙览醉吟先生》

【原文】交情郑重金相似，诗韵清锵玉不如。

【释义】人与人之间的情义的贵重与黄金的贵重一样。

这首诗隽永而醇厚地表达出了自己对友情的珍视和对朋友的依恋。在中国传统文化中，朋友居五伦之一，从古到今已有无数文学作品歌颂友情的美好。可见，友情对中国人有着极为重要的意义。黄金，在古代属于贵金属，"郑重金相似"的友情，可见意义重大。意义重大，必然深入交往、谨慎对待。

顺木之天，
以致其性。

【典出】唐·柳宗元《种树郭橐驼传》

【原文】能顺木之天以致其性焉尔。

【释义】顺应树木的天性，让它尽性生长。

人的成长具有阶段性，在教育孩子的问题上，最重要的一点原则就是应该顺应孩子自身的成长规律，不能强人所难、揠苗助长。父母都希望自己的孩子成为优秀的人，但教育的前提是尊重孩子的天性。国家希望培养出于社会有用的人才，也需要尊重教育规律，改革教育理念，让人真正了解并发挥自我天性。人才的养成，不是一朝一夕的事情。一个富有创造力的国家、一个富有创新精神的民族，必然是重视教育的。形成一个好的教育体系，需要包括孩子、家长、学校、教师、全社会的教育观念和教育制度等在内的多方配合。这需要长时间的努力，所以更要反复强调教育的重要性，越早完善我国的教育体制，对我国人才培养越是有极大的益处。

慈母手中线，
游子身上衣。
临行密密缝，
意恐迟迟归。
谁言寸草心，
报得三春晖。

【典出】唐·孟郊《游子吟》

【原文】同引用

【释义】慈母手握针线，为远行的孩子赶制衣衫。游子临行前，母亲一针一线密密地缝缀，怕的是游子晚归。有谁敢说，子女像小草那样微弱的孝心，能够报答得了像春晖般普泽的慈母恩情呢？

对亲情的重视，是中华民族的优良传统，也是所有感情中最为温馨的部分。中国人深厚的家庭情结，在几千年的演化过程中，既有文化意味，也是社会结构的重要组成部分。这两年，无论是关于“家风”“家训”的大讨论，还是网络上关于如何呵护亲情的讨论，都反映出了中国人对于家庭和睦、家庭建设的重视。

少年辛苦终身事，
莫向光阴惰寸功。

【典出】唐·杜荀鹤《题弟侄书堂》

【原文】何事居穷道不穷，乱时还与静时同。家山虽在干戈地，弟侄常修礼乐风。窗竹影摇书案上，野泉声入砚池中。少年辛苦终身事，莫向光阴惰寸功。

【释义】年少的辛苦是有益终身的事，不要在怠惰中浪费光阴。

家长如何教育子女，是个永恒的课题。特别是现在，孩子金贵，物质条件也比过去有极大提高，做家长的往往舍不得让孩子吃一点苦。但在古人看来，其一，人的成长恰恰最需要的就是磨练、吃苦，“宝剑锋从磨砺出，梅花香自苦寒来”；其二，少年时代习文练武虽然辛苦，但却可以既培养意志品质，又打牢身体和学问的基础，让人终身获益；其三，少年时代辛苦学习，肯定会存在客观条件的不同，却不可以找各种理由逃避，中国古代映雪囊萤、凿壁偷光的学习佳话，都是反映这种思想。杜荀鹤的这首诗，值得今天的家长深思。

少壮不努力，老大徒伤悲。

【典出】汉《乐府诗集·长歌行》[1]

【原文】青青园中葵，朝露待日晞。阳春布德泽，万物生光辉。常恐秋节至，焜黄华叶衰。百川东到海，何时复西归？少壮不努力，老大徒伤悲。

【释义】年轻力壮的时候不奋发图强，到年纪大了醒悟过来就晚了，再悲伤难过也是徒然。

〔1〕 乐府诗集是继《诗经·风》之后，一部总括中国古代乐府歌辞总集，由北宋郭茂倩所编。现存一百卷，是现存收集乐府歌辞最完备的一部。《乐府诗集》是汉朝、魏晋、南北朝民歌精华所在。内容十分丰富，反映社会生活面很广，主要辑录汉魏到唐、五代的乐府歌辞兼及先秦至唐末的歌谣，共五千多首。

这句诗，乍看起来是人在少年时立志的话，其实是师长劝诫少年的话，是一种过来人的经验之谈。因为，“老大徒伤悲”的体验，少年不会有，对于少年人来说，是“少年不识愁滋味”，是“为赋新词强说愁”。所以，这句诗中的劝诫，既考验少年人的理解想象能力，也考验师长们的教化表达能力。师长们向青少年传递的信息关键，其实应该是一种时间的概念。人生苦短，而且记忆力好、学习效果好的阶段就在青少年时期，在这个时间段里，如果不发奋学习，而是沉溺在游戏、闲耍、睡觉或者各种感情纠缠之中，那就是荒废了最好的光阴，必然会越来越加深对时间的焦虑感，给自己的人生带来伤害。

信者，
交友之本。

【典出】南宋·刘荀《明本释》

【原文】信者，交友之本。

【释义】诚信是交友的根本。

诚信，自古被中国文化所推崇，不光是朋友交往的基础，更是做人的根本。诚信是一个可大可小的事情。小的方面，从个人来讲，“人无诚信不立”，人的各种交往都要以诚信为基础，否则很快就会没朋友。大的方面，对于国家治理来讲，管理者要对老百姓讲诚信，否则便得不到老百姓的信任、支持和拥护；从国际交往来说，一个国家如果“朝令夕改”“出尔反尔”，别的国家是无法对它产生信任的，更不可能放心交往和深入合作。

凡作传世之文者，必先有可以传世之心。

【典出】清·李渔《闲情偶寄·词曲》[1]

【原文】凡作传世之文者，必先有可以传世之心，而后鬼神效灵，予以生花之笔，撰为倒峡之词，使人人赞美，百世流芳。

【释义】要写出能流传于世间的文章，作者必须首先具有能够流传于世间的立意。

〔1〕清代人李渔所撰写的《闲情偶寄》包括《词曲部》《演习部》《声容部》《居室部》《器玩部》《饮馔部》《种植部》《颐养部》八个部分，论述了戏曲、歌舞、服饰、修容、园林、建筑、花卉、器玩、颐养、饮食等艺术和生活中的各种现象，并阐发了自己的主张，内容极为丰富。

古人常言“意在笔先”，指的是下笔之前，胸中首先要立一个“意”。写文如此，绘画、书法之道也相通，所谓“胸有成竹”者，往往是创作者追求的境界。

推而广之，在文学之外，许多事都是此理。没有对于“传世”境界的追求，就很难达到真正“传世”的效果，还没有做事，就已经“落了下乘”。至于能否达到这个效果，那是天赋和努力的问题，但信念首先要有。这就像是古人所言的“修齐治平”的格局中，首先如果没有正心诚意，没有让自身有修为、让以家庭为代表的社会秩序和谐、让国家和天下太平的信念，就很难一步一步地走到这一境界。

治国

中国古人微言大义。治理国家的智慧，常常藏在记录下来的几句话里。

要创造性地传承古人治国理政的智慧，首先就是要真正理解这些语句的意思。古人为什么会说这些话？一定有他说话的前因后果。针对什么现实问题说的话？说这话有什么理论依据和现实依据？这句话说了，能不能解决问题？如此等等。我们必须了解，语句只是抽象出来的道理，而道理的背后都有非常具体的治理实践。

比如“明者因时而变，知者随事而制”，这句话从道理上来说，很好理解：有智慧的管理者，会根据时代条件的变化、事物发展的阶段来进行改革，制定有效的管理办法。但如果深入下去，我们就会看到，《盐铁论》中这句话的背后，还有治理者中改革思维和保守思维的交锋，还有在具体经济政策、国防政策上不同意见的碰撞，更有当时不同利益集团在政策表达上的策略。从字面上去理解这句话并不难，难的是从这句话打开切口，深入了解那段史实，了解究竟谁的政策主张在当时占据上风，这些政策主张是否有力推动了当时的经济、社会发展，这些政策主张又是如何被表述和被执行的。

所以，我们学习古人的名言警句，学习古人的治理智慧，仅仅从字面上学，是远远不够的。那些句子只是为我们打开一扇窗口，只有透过窗口看到真实的历史，看到历史运转的现实逻辑，才有可能对当代治国理政的实践产生有益的借鉴。

周虽旧邦，其命维新。

【典出】《诗经·大雅·文王》[1]

【原文】文王在上，於昭于天。周虽旧邦，其命维新。

【释义】周虽然是旧的邦国，但其使命在革新。

〔1〕《诗经》是中国第一部诗歌总集，在先秦典籍中称《诗》，汉以后被奉为经典，才称《诗经》。它包括自西周初期至春秋中期约五百年间的作品三百〇五篇，分为《风》《雅》《颂》三大类。《雅》分为《大雅》和《小雅》，《大雅》都是贵族作品，《小雅》中，有贵族作品，也有民歌。《毛诗序》说："《小》，大夫刺幽王也。"郑笺订正说："当为刺厉王。"朱熹《诗集传》不明言讽刺何王，只说："大夫以王惑于邪谋，不能断以从善而作此诗。"

有人说中国文化是一个守旧的文化，其实非常偏颇。中国文化中最核心的哲学基础来源于《易经》，而这是一部讲"变化"的哲学书。在儒家的原典中，"新"是一个重要的哲学命题。《大学》中提到，"苟日新，日日新，又日新"，"做新民"，无论是个人、社会，还是国家，都需要在时间的洪流中不断适应形势，日新其德，新新不停。

所以，变革从来不被中国文化所抗拒，至少我们在理念的源头上从来没有拒绝变革。但在实际的政治操作中，权力的拥有者更容易趋于保守、维护自身利益，以至于变成变革的绊脚石。而千百年来，政治权力渗透到社会的每一根经络，权力的惰性也深刻影响了中国文化，是我们的文化趋于内向和保守，错过了一次又一次的变革机会。

所谓的旧邦，更多地是文化意义上的传承，中国是世界上少有的文化绵延千年不断的古老国家。但同时，我们又不断在追寻人类文明进步的步伐，努力让古老焕发新彩，"阐旧邦以赋新命"，这是一个继承与出新的时代命题。

靡不有初，鲜克有终。

【典出】《诗经·大雅·荡》

【原文】荡荡上帝，下民之辟。疾威上帝，其命多辟。天生烝民，其命匪谌。靡不有初，鲜克有终。

【释义】事情都有个开头，但很少能做到从一而终。

回望中国历史，往往会有类似的感慨：一个朝代建立之初，开国之君以及其后数代，往往勤政廉洁、夙兴夜寐，其治下的国家也是名臣辈出、子民安居乐业；但到了王朝的中后期，往往君主就开始深居宫闱、疏理朝政，外戚、宦官、权臣、朋党也就开始互相倾轧夺权，朝纲因此黑暗，人民苦不堪言。周代商后，人们也会感叹，即使是如商纣王一类的暴君，其执政之初也并非如此，更不要说回溯到开国之时的明君商汤了。

为什么？"靡不有初、鲜克有终"的评价，说的可能是一个人的惯性和坚持；但对于一个朝代、一个国家来说，这种"历史周期律"有着深刻的意义。那些开国之君，或起于草莽、或从官员阶层一跃而上，他们自身的经历，就是一部奋斗史；而他们面对的对手，是腐朽的旧朝，是鲜活的反面教材，其镜鉴和警钟也常常敲响。而在长期执政之后，后代的皇帝本身就出身宫闱、所见所闻都很有限，而锦衣玉食、众星捧月的生活，也容易让他们忘记居安思危，以至于"何不食肉糜"。

如何跳出这种历史周期律？毛泽东当年面对黄炎培的这一深刻提问的回答是：让人民来监督执政党，时常监督、时常改进，这样就可以跳出历史周期律。对执政党来说，"殷鉴"永远不远，每一个历史的教训，都是应当避免的陷阱。战战兢兢、如履薄冰，才是应有的心态。

思皇多士，
生此王国。
王国克生，
维周之桢；
济济多士，
文王以宁。

【典出】《诗经·大雅·文王》

【原文】世之不显，厥犹翼翼。思皇多士，生此王国。王国克生，维周之桢；济济多士，文王以宁。

【释义】众多贤良优秀的人才，出生在这个国家。周王国成长发展，他们是栋梁之臣。众多人才济济一堂，文王可以放心安宁。

这一句出自《诗经》的话，讲述的是在周文王的时代，周文王能够尊贤礼士，吸引了多方人才前来辅佐，一时间国家贤才济济，国势强盛。所谓千秋基业，人才为先。我们要实现中华民族伟大复兴的中国梦，需要的人才越多越好、本事越大越好。中国有十三亿多人，可以说是一个人力资源大国，但也存在诸多结构性的矛盾。我们要培养更多的高端人才，使我们在国际上的标签再多一个“智力大国”。十三亿多人的劳动力是可观的，十三亿多人大脑中蕴藏的智慧资源更是宝贵的。要在当今世界竞争中走在前列，就要不断培养人才、吸引人才、汇集人才，凝聚人才的力量。

法者，天下之准绳也。

【典出】春秋·文子《文子》[1]

【原文】夫法者，天下之准绳也，人主之度量也。

【释义】法律，是天下人做事的共同遵循，也是统治者裁量是非的根本依据。

〔1〕 文子，姓辛氏，号计然。生卒年不详，是道家祖师，与孔子同时，是《文子》(《通玄真经》) 一书作者。《文子》主要解说老子之言，阐发老子思想，继承和发展了道家“道”的学说。明朝宋濂称：“子尝考其言，一祖老聃，大概道德经之义疏尔。”元代吴金节也称：“文子者，道德经之传也。”这些都说明了《文子》的主旨内容。

“无规矩不成方圆”，修身如此，齐家如此，治国如此，平天下亦是如此。遵循一成之规，是一个集体赖以存在的基础，也是集体中个体的基本素质。但是法的存在，往往遇上权力的挑战。权力也是人类社会的基本存在，只要有群体，必然有差异，差异就是权力的基础。但权力深植于人性，在人性善恶的两边中，权力常会选择与恶互为借力，如果无法得到规制，权力与恶的人性相互作用，就会成为集体权益的公敌。

我们在近些年的反腐中可以清晰地看到这一点：没有法律、规则的约束，权力就是一头出笼的猛兽。因此，要把权力关进法的笼子。

这期间必然经历三个阶段：不敢腐，不能腐，不想腐。不敢腐即是以猛力击之，形成震慑；不能腐即是建章立制，为长远定规矩；而不想腐即是在权力拥有者的心中牢固树立法的准绳意识。

国之利器，
不可以示人。

【典出】春秋·老子《道德经》

【原文】鱼不可脱于渊，国之利器不可以示人。

【释义】国家赖以维护利益的工具，不能轻易显示出来。

每个国家，都有自己的国家利益，而能够维护这一国家利益的，就是“国之利器”，“国之利器”也就是国家的立足之本、是核心竞争力。在现在这个世界局势风云变幻的时代，一个国家要有自己的“定海神针”——强大的科技创新能力。同时，这一“国之利器”，不仅要能使国家在世界上保有竞争力，还要能有自主更新、创新的意识。国家的利器不仅“不可以示人”，也不能通过学别人而获得。只有不断加强自己的创新意识，培养自己的创新人才，才能打造出自己国家的坚不可摧的“利器”来。

君子喻于义

【典出】《论语·里仁》

【原文】君子喻于义，小人喻于利。

【释义】君子才能晓之以道义。

《论语》里，孔子经常拿君子和小人做对比。君子是道德高尚的人，小人是很世俗的人，未必一定是“坏人”，但很俗。君子和小人都是社会中的客观存在，两者的主要区别就是“义”和“利”的差别。在《论语》同一篇里，还有一处也提到君子小人之辨，“子曰：君子怀德，小人怀土；君子怀刑，小人怀惠。”说的也是义、利之分。君子看重的是道义，所以对君子可以告诉他“德与刑”，他就知道可以做什么、不可以做什么；但对小人或者一般的俗人来说，他们关注的主要是眼前的利益，居住或劳作的土地、可以看到的实惠，这才是重要的。这对今天国家和社会的治理来说，也是很有启发意义的，既要鼓励社会树立崇高的道德理想，也要构建合理的利益导向机制，这样才能有针对性地施政行政，充分调动不同社会群体的积极性，共同建设我们的“命运共同体”。

德不孤，必有邻。

【典出】《论语·里仁》

【原文】同引用。

【释义】有道德的人不会孤单，一定会有志同道合的人来跟他做伴。

在今天的社会里，的确有一些怪现象。比如走在马路上，有老人摔倒了，大家都不敢去扶起来，害怕被老人讹上；比如坐公交车看到扒手偷人钱包，谁也不敢伸手管一管，害怕引火烧身；再比如在单位里，勤勉工作的老实人往往不如上下钻营的人“混得好”。这些现象尽管不一定很普遍，但是经过新闻传播和舆论发酵，也会给人造成很深的负面印象。让人觉得，在社会上和单位里，做一个好人、做一个高尚道德的践行者，是“有风险”的。如果大家都这么想，那么整个社会道德领域，就会产生“劣币驱逐良币”的恶性循环。早在孔子的时代，孔子就为此大声疾呼，“德不孤，必有邻”。他鼓励那些正直的人敢于践行自己的道德，用自己的高尚言行去感化他人，影响社会。但是，从国家和社会治理者的角度来考虑，就不仅要从舆论宣传上对高尚道德支持鼓励，更重要的还是要从政策导向和利益导向上，让高尚者得到回报，让卑鄙者失去“通行证”。只有这样，才能真正起到导向示范作用，让高尚的道德温润社会，让良好的风气蔚然成风。

礼之用，
和为贵。

【典出】《论语·学而第一》

【原文】子曰："礼之用，和为贵。先王之道，斯为美；小大由之。有所不行，知和而和，不以礼节之，亦不可行也。"

【释义】礼的作用，在于以和谐为贵。

礼仪的使用，归根到底是为了以礼求和、通过礼数秩序来和谐人与人之间的关系。我们常说中华民族是“礼仪之邦”，其实礼仪规范只是外在形式，真正的内在追求是以达成和谐为目的，“以和为贵”才是精神内核。从国家治理角度来看，就是各安其位、各司其职。扩大到国际层面，国与国的交往同样适用。

以天下之目视，
则无不见也；
以天下之耳听，
则无不闻也；
以天下之心虑，
则无不知也。

【典出】春秋·管仲《管子·九守》

【原文】目贵明，耳贵聪，心贵智。以天下之目视，则无不见也。以天下之耳听，则无不闻也。以天下之心虑者，则无不知。辐辏并进，则明不可塞。

【释义】用天下人的眼睛观察，就没什么看不见；用天下人的耳朵倾听，就没有什么听不到；用天下人的心智思考，就没有什么事情不理解。

广开言路，博采众谋，无论什么事业，大家一起想、一起干，既是干事创业，巩固国家安定团结的政治局面的前提，也是促进政党关系、民族关系、宗教关系、阶层关系、海内外同胞关系和谐发展的要义。

在中国，我们实行社会主义协商民主，这意味着全国上上下下都应参与其中，让民主集中制真正发挥作用。我们应当确立良好的制度，并真正贯彻好制度，确保所有的意见都能被听到，所有的立场都能被考量，在此基础上做出的决策，才是真正符合绝大多数人利益的。

凡治国之道，必先富民。

【典出】春秋·管仲《管子·治国第四十八》

【原文】凡治国之道，必先富民。民富则易治也，民贫则难治也。

【释义】大凡治理国家的方法，都一定要先使人民富裕。

国富则民安，民富则国强。治理国家，需要稳定的社会秩序，一旦人最低的温饱问题都不能解决，社会将面临失序的风险。社会稳定的维护，必须具有经济、政治和道德基础。经济基础决定上层建筑。那经济基础如何保证呢？第一，拥有一定的经济发展水平；第二，拥有基本的经济公平。

所以，从国家治理角度来看，“发展的最终目的是造福人民，必须让发展成果更多惠及全体人民。”改革开放之初，邓小平提出“鼓励一部分人先富起来”，党的十八大以来中国提出“精准扶贫”，都是为了实现“民富国强”。

一年之计，莫如树谷；十年之计，莫如树木；终身之计，莫如树人。

【典出】春秋·管仲《管子·权修》

【原文】一年之计，莫如树谷；十年之计，莫如树木；终身之计，莫如树人。

【释义】想在一年内获得利益的，不如种植粮食；想在十年内获得成果的，不如种植树木；想终身获取利益的，不如培育人才。

在当今这一时代，国家之间的竞争，归根结底是人才的竞争。一个国家发展的不竭动力来自于创新，而创新之中的第一资源就是人才。一个国家拥有了人才，就是拥有了未来。可以说，实现中华民族伟大复兴，需要人才越多越好，本事越大越好。那么，如何去建立一个良好的机制来培养人才，就成为在治国理政层面上不可忽视的问题。中国要在科技创新方面走在世界前列，必须在创新实践中发现人才、在创新活动中培育人才、在创新事业中凝聚人才，必须大力培养造就规模宏大、结构合理、素质优良的创新型科技人才。要加大在教育上的投入，要建立合理的人才激励机制，要改革人才培养、引进、使用等机制，要打破体制对人才的束缚，加强人才的流动性等。只有如此，才能为国家的未来发展打下良好基础。

国不以利为利，以义为利也。

【典出】《大学》

【原文】孟献子曰："畜马乘，不察于鸡豚。伐冰之家，不畜牛羊。百乘之家，不畜聚敛之臣。与其有聚敛之臣，宁有盗臣。"此谓国不以利为利，以义为利也。

【释义】治理国家不以财富为利，应该以仁义为利。

“义”与“利”是中国人道德观里最基本的两个概念，一个是道德理性，一个是功利理性。在传统儒家看来，“义”与“利”都是人性的本能，人有逐利的冲动，同样会有道德的萌动，只不过在价值判断上，“义”要高于“利”，而且要用“义”来约束和引导“利”的冲动，这是人有别于禽兽的特征。

这个观念在很长一段时间里主导了中国人的国家观：国家不应是一个财富国家，而是一个文化国家、道德国家。“国富”意识的淡薄，在很大程度上阻碍了中国的财富冲动，这种以“义”灭“利”的后果，我们也不必讳言。

但时过境迁，中国已经成为世界第二大经济体，“国富”已自不待言，但随之而来的贫富差距加大、环境污染、城乡发展差距等问题也让我们忧虑：有钱以后到底想干嘛？如果改革开放积累的庞大财富，只是成了少数既得利益集团的独食，改革红利无法让更多的人民群众共享，我们的改革就失去了意义。

改革一定要树立共赢思维才能长久。只有义利兼顾才能义利兼得，只有义利平衡才能义利共赢。

穷则变，变则通，通则久。

【典出】《周易·系辞下》〔1〕

【原文】同引用

【释义】事物发展到了极点，就要发生变化，发生变化，才会使事物的发展不受阻塞，事物才能不断地发展。

〔1〕《系辞》一般上是指《易传·系辞》或《周易·系辞》，分为上下两部。《系辞》是今本《易传》的第四种，它总论《易经》大义，相传孔子作了七篇阐发和总结《周易》的论述，即通常说的《易传》，《系辞》是这七种论述中思想水平最高的作品，《系辞》中引用了不少孔子的论述，应当经过了孔子以后儒家的整理，可以说《系辞》是先秦儒家认识论和方法论的集大成。

“四个全面”是当下中国的重要治理词汇之一。第二个全面即为“全面深化改革”。事实早已证明，改革开放是决定当代中国命运的关键一招，也是实现中华民族伟大复兴的关键一招。古人教育治理者，“穷则变，变则通，通则久”。谁违背这条铁律，谁就将衰落。近代中国由盛到衰的一个重要原因，就是封建统治者夜郎自大、因循守旧，畏惧变革、抱残守缺，跟不上世界发展潮流。当下，在前进的征程上，我们必须坚定不移地全面深化改革。改革总是难的，尤其是在剩下的都是“硬骨头”的时候。这就要求治理者一定要以更大的政治勇气推进改革开放，敢于啃硬骨头，敢于涉险滩、闯难关，不断为中国发展提供强大动力。

穷则变，变则通。

【典出】《周易·系辞下》

【原文】穷则变，变则通，通则久。

【释义】事物发展到了极点，就要发生变化，发生变化，才会使事物的发展不受阻塞，事物才能不断地发展。

戊戌变法之前，清廷的保守派反对变法，理由就是“祖宗之法不能变”，“天不变，道亦不变”。由此可见，对于“变”与否，中国的传统中很多时候是保守的。商鞅、王安石、张居正等伟大的变革者，在当时以及后世的史书中，往往也被贬斥和讥讽，冠以“刻薄寡恩”“小人是也”等评语。在漫长的历史里，“变”极少，而“守”极多。

但自近代以来，在“数千年未有之大变局”的冲击下，人们开始开眼看世界，明白自己的文明传统已经到了不变不行的时候，“改革”这一曾被视为“乱臣贼子”的话语，也开始具有了不可逆的政治正确性。为什么？按照《易》的说法，“变”恰恰才是恒常。对于一个国家、一个民族来说，长久的安定舒适，往往蕴含着动荡的危机。说到底，一个社会和国家不可能完美无瑕，因此永远具有变革和改进的空间。只有居安思危，在盛世中看到危机，在治世中看到漏洞，具备不断反思和改进的思维，才能尽可能长时间地立于不败之地。在国际竞争愈发激烈的今天，一个国家能否与时俱进、经常思变，往往是决定其未来的重要一环。

道虽迩，不行不至；事虽小，不为不成。

【典出】战国·荀况《荀子·修身》

【原文】道虽迩，不行不至；事虽小，不为不成。其为人也多暇日者，其出入不远矣。

【释义】道路即使很近，不走也不能到达；事情即使很小，不做也不能成功。

千里之行，始于足下。不论道路远近，一定要开始走才能到达终点。这句话主要在强调落实和执行。

从国家治理层面来看，任何政策不落实执行，终是一纸空文。只有落实执行了，才能实现政策制定的目标，实现最终目的。

万物各得其和以生，各得其养以成。

【典出】战国·荀况《荀子·天论》

【原文】列星随旋，日月递炤，四时代御，阴阳大化，风雨博施。万物各得其和以生，各得其养以成。不见其事而见其功，夫是之谓神。

【释义】万物各自得到了天地日月形成的和气而产生，各自得到了四时风雨的滋养而得以形成。

中国传统文化强调天人合一、尊重自然的发展方式，认为要顺应自然之道。即使是在现代，这样的观点也并不过时，反而仍是一种非常具有借鉴意义的思想。在现今的发展阶段，片面追求经济效益已经落伍，只有在尊重自然、顺应万物规律的基础上，才能获得可持续的效益。也只有这样，才能在未来形成人与自然和谐发展的现代化之路。因此，在“五大发展理念”的格局中，“绿色发展”成为其中重要的一项。也因此，中国把生态文明建设纳入了“十三五”规划。

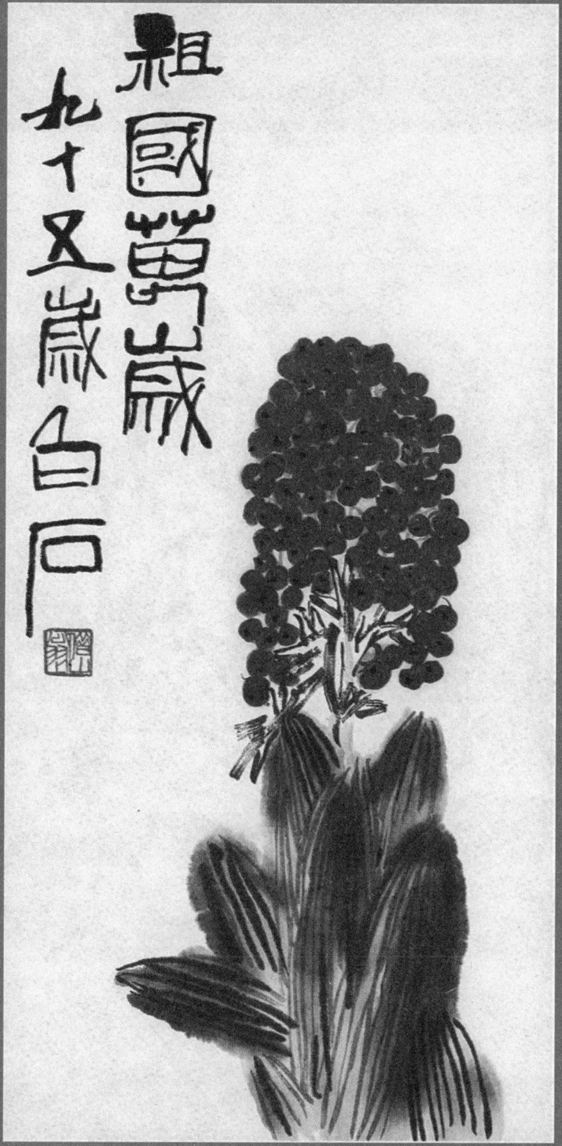

齐白石作品

徐悲鸿作品

仁者爱人

【典出】《孟子·离娄下》

【原文】孟子曰："君子所以异于人者，以其存心也。君子以仁存心，以礼存心。仁者爱人，有礼者敬人。爱人者，人恒爱之；敬人者，人恒敬之。"

【释义】仁者是充满慈爱之心、满怀爱意的人。

什么是中国人？作为中国人，最根本的身份认同在哪里？最根本的就是我们有中国人独特的精神世界，有百姓日用而不觉的价值观。因为中华文明绵延数千年，有独特的价值体系；中华优秀传统文化已经成为中华民族的基因，植根在中国人内心，潜移默化影响着中国人的思想方式和行为方式。比如“仁者爱人”的思想理念，就强调精英人物，不管是在政治文化领域还是在经济社会领域，都应该去做一个“仁者”，做一个对他人充满关怀爱心的人。像这样的思想和理念，不论过去还是现在，都有鲜明的民族特色，都有永不褪色的时代价值。这些思想和理念，既随着时间推移和时代变迁而不断与时俱进，又有其自身的连续性和稳定性。今天，我们提倡和弘扬社会主义核心价值观，也应该从中汲取丰富营养，对中华优秀传统文化进行传承和升华。

老吾老以及人之老，幼吾幼以及人之幼。

【典出】《孟子·梁惠王上》

【原文】同引用。

【释义】在赡养孝敬自己的长辈时不应忘记其他与自己没有亲缘关系的老人。在抚养教育自己的小孩时不应忘记其他与自己没有血缘关系的小孩。

孟子的政治理想是用王道、行仁政。在孟子看来，实施仁政并不是建造空中楼阁，而是有深厚的人性基础，那就是人都有不忍之心。在《孟子·梁惠王上》里，齐宣王看到即将祭祀被宰的牛，都十分不忍而下令放掉，就是因为有这份不忍之心。从每个人的不忍之心，到国家的仁政治理，中间不可或缺的环节是“推己及人”。“老吾老以及人之老，幼吾幼以及人之幼。”说的其实就是推己及人的道理。满足自己需要的时候，要想到其他人也可能有同样的需求，然后尽可能创造条件去满足，这就是推己及人。对当代社会来说，这段话依然值得治理者思考借鉴。特别是在养老、教育、医疗等民生保障领域，决策者如果能够设身处地、推己及人，把自己摆进去，为老百姓着想，就一定会减少很多政策的失误。

国无常强，无常弱。奉法者强则国强，奉法者弱则国弱。

【典出】战国·韩非《韩非子·有度第六》[1]

【原文】国无常强，无常弱。奉法者强则国强，奉法者弱则国弱。……故有荆庄、齐桓则荆、齐可以霸，有燕襄、魏安釐则燕、魏可以强。今皆亡国者，其群臣官吏皆务所以乱，而不务所以治也。其国乱弱矣，又皆释国法而私其外，则是负薪而救火也，乱弱甚矣！

【释义】国家不会永远富强，也不会长久贫弱。执行法令的人坚决，国家就会富强；执行法令的人软弱，国家就会贫弱。

〔1〕《韩非子·有度第六》是中国古代著名的哲学家韩非的作品，作者把“奉法”作为治乱兴亡的关键，用一系列的历史事件，申述了“因法数，审赏罚”和“奉公法，废私术”对于治理国家的重要作用。文中提出的“法不阿贵，绳不挠曲”和“刑过不避大臣，赏善不遗匹夫”的思想，与儒家“刑不上大夫”的观念正好相反，体现了积极进步的历史意义。

“全面依法治国”，是当下中国治理思想的另一个关键词。法治思想，在中国源远流长。韩非子“奉法者强则国强，奉法者弱则国弱”“因法数，审赏罚”“奉公法，废私术”等思想，对历代治理者都有启发。党的十八届四中全会，中共将“全面推进依法治国”作为一个全会的议题。法治之下，任何人都不能心存侥幸，都不能指望法外施恩，没有免罪的“丹书铁券”，也没有“铁帽子王”。法，延展开来，就是党纪国法。尤其“关键少数”（领导干部），更是要带头尊法守法。党纪国法不能成为“橡皮泥”“稻草人”，无论是因为“法盲”导致违纪违法，还是故意违规违法，都要受到追究，否则就会形成“破窗效应”。明代冯梦龙在《警世通言》中说：“人心似铁，官法如炉。”意思是任人心中冷酷如铁，终扛不住法律的熔炉。

见之于未萌，识之于未发。

【典出】战国·商鞅《商君书·更法》〔1〕

【原文】智者见于未萌，愚者暗于成事。

【释义】明智的人在事情没有发生时就已预见到了。

〔1〕 商鞅因为军功曾受封于商，后世称为商君。《商君书》就是商鞅一派法家著作的汇编，又称《商子》。《汉书·艺文志》著录二十九篇，现存二十四篇。其中有些篇章所述史实发生在商鞅死后，因此不是其本人所著，但书中也保留了一些商鞅遗著，记录了商鞅的言行，应为战国末年商鞅后学编成。书中着重论述了商鞅一派的变法理论和具体措施，主张加强君权，建立赏罚分明的法治制度。

“天下武功，唯快不破”，要做到快，就要做好预判，这样才能抢占先机，在起跑线上打败对手。在当今这个飞速发展的时代，能够在国家发展的大方向上把握时机，“识之于未发”才能在竞争中立于不败。对于现代社会来说，科技是第一生产力，创新是第一驱动力。只有不断在创新上下功夫，在国家层面实施创新驱动发展战略，重视战略前沿技术发展，通过自主创新掌握主动，才是真正做到下好先手棋、打好主动仗。在依靠创新发展的过程中，还要选准主攻方向和突破口，超前布局、超前谋划，加紧在一些重要领域形成独特优势。要把科技创新与成果转化结合起来，把创新成果转化为实实在在的发展成绩，实现综合国力的根本性提升。

国将兴，
必贵师而重傅；
贵师而重傅，
则法度存。

【典出】《荀子·大略》

【原文】国将兴，必贵师而重傅；贵师而重傅，则法度存。国将衰，必贱师而轻傅；贱师而轻傅，则人有快，人有快而法度坏。

【释义】国家想要兴盛，必须尊敬教师，重视传授专长技术的师傅，教师受尊重，国家的法律制度就能得以保存。

中国自古尊师重道。在古代，孔子被推崇为“大成至圣先师”，被誉为“万世师表”。在中华民族五千多年的文明发展史上，英雄辈出，大师荟萃，与一代又一代教师的辛勤耕耘是分不开的。教育是提高人民综合素质、促进人的全面发展的重要途径，是民族振兴、社会进步的重要基石，是对中华民族伟大复兴具有决定性意义的事业。当今世界的综合国力竞争，说到底是人才竞争，人才越来越成为推动经济社会发展的战略性资源，教育的基础性、先导性、全局性地位和作用更加凸显。“两个一百年”奋斗目标的实现、中华民族伟大复兴中国梦的实现，归根到底靠人才、靠教育。因此，我们应该比以往任何时候都更加重视教育，尊重教师，让源源不断的人才资源成为我国在激烈国际竞争中的重要力量和后发优势。

民齐者强。

【典出】《荀子·议兵》

【原文】好士者强，不好士者弱；爱民者强，不爱民者弱；政令信者强，政令不信者弱；民齐者强，民不齐者弱；赏重者强，赏轻者弱；刑威者强，刑侮者弱；械用兵革攻完便利者强，械用兵革窳楛不便利者弱；重用兵者强，轻用兵者弱；权出一者强，权出二者弱；是强弱之常也。

【释义】民心齐的国家才会强大。

战国时期，荀子说“民齐者强，民不齐者弱”。春秋时吴国将军孙武在《孙子兵法》中说，“上下同欲者胜”。他们所共同强调的是，人心要齐，唯有如此，才能国家强盛，才能打赢战争。当前，中国“四个全面”战略布局中，每一个“全面”都堪称是“一场战争”，只有全国上下，齐心协力，才能实现目标。革命战争时期，为了“上下同欲者胜”，需要规矩；全面深化改革的今天，为了凝聚全党、团结一心啃下硬骨头，同样需要规矩。此外，各项改革还要充分发挥中央和地方两个积极性。各级领导干部要着眼于领导好全面深化改革这场攻坚战，加强学习和实践，努力提高思想政治能力、动员组织能力、驾驭复杂矛盾能力，做到信心坚定、行动坚决，科学推进、勇于担当。要时时处处为群众作示范、当表率，让群众跟着来、一起干，不断增强人民群众投身改革的积极性和主动性。

法者，治之端也。

【典出】《荀子·君道》

【原文】法者，治之端也，君子者，法之原也。

【释义】法，是良治的源头。

“人治”与“法治”，往往是人们区分一个社会治理是否完善、是否现代化的重要标准。中国历史上的很多教训，也往往与法治的缺失、个人意志缺乏限制有关。因此，在“四个全面”中，全面推进依法治国，被称为全面建设小康社会、全面深化改革的重要保障；同样，在治理能力和治理体系现代化中，依法治国同样是重要一环。

说到底，法是什么？是规则、是限制、是契约、也是公正。没有任何个人、组织可以凌驾于法律之上，它应该是约束全社会的共同准绳。而同样，单纯地衡量法律的多少、条文的完善与否，也不完全是依法治国的全部，那会陷入僵化的迷信；因为，归根结底法律是要靠人来实施的。因此，除了完善法律体系之外，更重要的是有法必依、违法必究。对于百姓来说，每一个切身的案件司法公正与否，是其对一国法律体系观感的直接来源；而手中握有执法权、司法权的人能否“身正”，更是法治能否彰显的根本所在。

其作始也简，
其将毕也必巨。

【典出】战国 · 庄子《庄子 · 人间世》

【原文】其作始也简，其将毕也必钜。

【释义】指现在的某一事物或现象开始时看起来简单不起眼，但经过发展变化产生了巨大的影响，带来了巨大的变化，促进了社会的进步。

伟大事业在一开始看起来通常并不起眼，但所有伟大事业都需要经历这样的过程。例子有很多，中国共产党在1921年起步时，没有人会预料到这个党会在今天领导世界第二大经济体努力实现中华民族伟大复兴的中国梦，也没人会预料到过去近百年间发生的一切。

伟大事业的实践者需要耐得住这样的“不起眼”，需要从平凡的小事做起，需要以筚路蓝缕的精神将事业勉力推进，对一切困难和挑战都有必胜的勇气和信心，把中国特色社会主义事业推向全新高度。而在这个过程中，需要始终对现实有清晰的认识，以清醒的头脑应对现实挑战。

前事不忘，后事之师。

【典出】《战国策·赵策一》

【原文】前事之不忘，后事之师。

【释义】不要忘记过去的经验教训，可以作为以后工作的借鉴。

我们常说，忘记过去，就意味着背叛。历史中有经验，更有教训，因为，历史是最好的老师。

千百年来，中国一直有修史的历史。从商周时期开始，朝廷中就有史官一职，用以记录君主的一举一动、一言一行。史官的角色一度非常超脱，常秉笔直书，刚正不阿，因为他们只为历史负责。而每一个新朝代上台后，待政治稳定后，都会对前代的历史档案做一整理，编纂史书。目的绝不仅仅是学术上的研究，更是对眼前国家治理的借鉴。集大成者便是《资治通鉴》，所谓“鉴于往事，有资于治道”。

因此，历史是了解中国人思维世界的一把秘钥。

橘生淮南则为橘，
生于淮北则为枳。

【典出】《晏子春秋·杂下之十》

【原文】晏子将至楚，楚闻之，谓左右曰："晏婴，齐之习辞者也，今方来，吾欲辱之，何以也?"左右对曰："为其来也，臣请缚一人，过王而行，王曰：'何为者也?'对曰：'齐人也。'王曰：'何坐?'曰：'坐盗。'"晏子至，楚王赐晏子酒，酒酣，吏二缚一人诣王，王曰："缚者曷为者也?"对曰："齐人也，坐盗。"王视晏子曰："齐人固善盗乎?"晏子避席对曰："婴闻之，橘生淮南则为橘，生于淮北则为枳，叶徒相似，其实味不同。所以然者何？水土异也。今民生长于齐不盗，入楚则盗，得无楚之水土使民善盗耶?"王笑曰："圣人非所与熙也，寡人反取病焉。"

【释义】橘树生长在淮河以南就是橘树，生长在淮河以北就变成枳树。

英国奉行君主立宪制，至今不衰，英国女王（国王）、王子等，成为国家象征，是国家形象的重要组成部分。当年，英国人的后代到了美洲新大陆，和诸多民族、种族一起，建立了美国，也建立了另一套制度：民主共和制。设想，君主立宪制也移植到美国，那将是怎样的场景？“橘生淮南则为橘，生于淮北则为枳”，适合英国的制度，一旦到美国，水土不服是一定的。美国没有延续英国的制度，而今却在期望不断输出自己的制度和价值观，这本身就是一种悖论。中国有极强的包容，需要并善于借鉴国外政治文明有益成果，但绝不会放弃中国政治制度的根本。历史上从未有过任何其他国家，治理五十六个民族、十三亿多人口的成功经验，我们没有经验可以照搬，其他任何国家，也无权指手画脚要求我们该怎么办。只有扎根中国土壤、汲取充沛养分的道路和制度，才最可靠、也最管用，这就是——中国特色社会主义。中国强调“道路自信”，也正是源于此。

清 · 金农 《梅花图》

明·文徵明 《惠山茶会图》（局部）

积力之所举，则无不胜也；众智之所为，则无不成也。

【典出】西汉·刘安《淮南子·主术训》[1]

【原文】君人者不下庙堂之上，而知四海之外者，因物以识物，因人以知人也。故积力之所举，则无不胜也；众智之所为，则无不成也。

【释义】聚集一切力量采取行动，没有什么不可以胜利的；集思广益来做事情，没有什么不可以成功的。

〔1〕《淮南子》，西汉皇族淮南王刘安及其门客集体编写的一部哲学著作，该书在继承先秦道家思想的基础上，糅合了阴阳、墨、法和一部分儒家思想，但主要的宗旨属于道家。《淮南子》原书内篇二十一卷，中篇八卷，外篇三十三卷，至今存世的只有内篇。

其实，这句话可以简单理解为团结力量大，这个团结是分两方面的：一为体力；二为脑力。无论“力”还是“智”都是积聚起来方能成大事。从管理的角度看，要做到这一点必须做到两点：第一，要发掘大家的智慧和力量；第二，要把这些智慧和力量整合起来。这就是门比较值得深入研究的学问了。不过，很值得大到国家管理者、小到企业和家庭管理者好好研究，妥善处理。

明者因时而变，知者随事而制。

【典出】汉·恒宽《盐铁论》

【原文】明者因时而变，知者随世而制。孔子曰："麻冕，礼也，今也纯，俭，吾从众。"故圣人上贤不离古，顺俗而不偏宜。

【释义】聪明的人会根据时期的不同来改变自己的策略和方法，智慧的人会伴随着事物发展方向的不同来制定相应的管理方法。

这段话的针对性是非常强的，说的是国家和社会的治理者，进行决策、制定政策的依据是什么？“明者”“知者（即智者）”，指的都是能够高明决策的治理者，也就是我们今天常说的各级领导干部。在改革发展各项事业中，他们是“关键少数”。他们敢于担当、科学决策，是成功的重要前提；他们因循守旧、不思进取，我们就事倍功半。“时”和“世”，指的就是时势、世情，也就是决策的依据、政策的根据，也就是我们常说的“实事求是”“与时俱进”。同样，在大力提倡创新的今天，我们也必须清醒认识到，只有实事求是，才可能真正做到创新。“生活从不眷顾因循守旧、满足现状者，从不等待不思进取、坐享其成者，而是将更多机遇留给善于和勇于创新的人们”。求实和创新，高度统一于实践，有求真务实的前提，才有开拓创新的结果。

为国者，以富民为本。

【典出】东汉·王符《潜夫论·务本》〔1〕

【原文】为国者，以富民为本，以正学为基。

【释义】治理国家的人，要以使人民富裕为根本大事。

〔1〕 王符（85—162），字节信，安定临泾（今甘肃镇原县）人，东汉政论家、文学家、进步思想家，无神论者。王符一生隐居著书，崇俭戒奢、讥评时政得失。因“不欲章显其名”，故将所著书名之为《潜夫论》。《潜夫论》共三十六篇，多数是讨论治国安民之术的政论文章，少数也涉及哲学问题。全书对东汉后期政治社会提出广泛尖锐的批判，涉及政治、经济、社会风俗各个方面，指出其本末倒置、名实相违的黑暗情形，认为这些皆出于“衰世之务”，并引经据典，用历史教训警告当时的统治者。王符把社会的黑暗动乱的根源归之于统治者的昏暗不明，把治理乱世的希望寄托在明君和贤臣身上。《潜夫论》一书年代久远，历经沧桑，文字生涩，脱误遗漏之处尚多，注释家各执一辞，有的含义至今不明。

“获得感”，是中国的热词。中国的所有改革，都以民众的获得感为重要导向。“为国者以富民为本”，这里的富民，不止局限于让人们富裕，也包括让人们幸福，有“获得感”。与之最相关，最直观的一个治理词汇是：精准扶贫。按照计划，到 2020 年，中国将全面建成小康社会。为此，在 2015 年 11 月中央扶贫开发工作会议上，中央提及扶贫开发的“军令状”，“要层层签订脱贫攻坚责任书、立下军令状。”摆脱贫困，是古今中外治国安邦的大事。“天下之治乱，不在一姓之兴亡，而在万民之忧乐。”脱贫攻坚事关全面小康能否如期实现，这是中国的大事。

足寒伤心，民寒伤国。

【典出】东汉·荀悦《申鉴》〔1〕

【原文】《申鉴》“足寒伤心，民寒伤国。”

【释义】足部受寒了会伤害到心脏，民众穷困就会损害到国家。

〔1〕 荀悦(148—209)，字仲豫，东汉末期政论家、史学家。幼时聪颖好学，家贫无书，阅读时多用强记，过目不忘。汉灵帝时由于宦官专权，荀悦隐居不出。献帝时，应曹操之召，任黄门侍郎，累迁至秘书监、侍中。《申鉴》是荀悦的政治、哲学论著。《后汉书》本传说，荀悦一心想匡辅汉献帝，但因曹操揽政，“谋无所用，乃作《申鉴》”，意为重申历史经验，供皇帝借鉴。全书包括《政体》《时事》《俗嫌》《杂言》等五篇。全书抨击谶纬符瑞，反对土地兼并，主张为政者要兴农桑以养其性，审好恶以正其俗，宣文教以章其化，立武备以秉其威，明赏罚以统其法，表现了他的社会政治思想。

任何一个国家的老百姓都是国家的基础，百姓的感情被伤害了，对国家失望之极就会有颠覆政权的念头。这个国家就不会稳定。中国共产党历来很重视群众基础，群众是我党执政之基。中国人民政权的建立，也是中国抗日战争、解放战争的胜利的基础，充分发动群众，是一个重要因素。

具体到一个公司的管理，普通员工的感受也是很重要的。因为正是一个又一个的普通员工，完成了公司的各项工作目标、成就了公司。如果员工对公司寒心，要么是人浮于事，要么就是离职。无论哪种，给公司造成的经济损失和其他经济上不能评估的损失都很大。

法令行则国治，
法令弛则国乱。

【典出】汉·王符《潜夫论·述赦》

【原文】国无常治，又无常乱，法令行则国治，法令弛则国乱。

【释义】法令能够执行，国家就能得到治理；法令废弛，国家就会出现动乱。

“法令行则国治，法令弛则国乱。”这里的“行”，就是“实施”。全面依法治国的关键之一，在于“法律实施”。法律的生命力和权威性，都源于和维系于实施。一方面，各级国家行政机关、审判机关、检察机关，它们是法律实施的重要主体，必须担负法律实施的法定职责。坚决纠正有法不依、执法不严、违法不究现象，坚决整治以权谋私、以权压法、徇私枉法问题，严禁侵犯群众的合法权益。另一方面，各级干部要自觉成为法律实施的推动者而非阻碍者，各级行政机关必须依法履行职责，坚持法定职责必须为、法无授权不可为，决不允许任何组织或者个人有超越法律的特权。任何人都不得凌驾于国家法律之上、徇私枉法，任何人都不得把司法权力作为私器牟取私利、满足私欲。

功以才成，
业由才广。

【典出】西晋·陈寿《三国志·蜀书九》

【原文】今方扫除强贼，混一区夏，功以才成，业由才广，若舍此不任，防其后患，是犹备有风波而逆废舟楫，非长计也。

【释义】功绩是凭借才能而成就的，事业是由于才能而扩展开来的。

一个国家想发展，没有合适的人去实践，那只能是空想。要知道，没有人才优势，就不可能有创新优势、科技优势、产业优势。所以，如何合理地去运用人才，考验一个国家执政者的能力。治国理政应该牢牢把握住集聚人才的大举措。而培养集聚人才，则需要有识才的眼光、用才的胆识、容才的雅量、聚才的良方，健全集聚人才、发挥人才作用的体制机制，创造人尽其才的政策环境。要发挥好现有人才的作用，同时揽四方之才，择天下英才而用之。要创造条件把科研院所和高等院校这些培养高端人才的地方建设好。对知识产权则要加强保护机制，来激发创新动力。只有各类人才的创新智慧竞相迸发，我国的各领域才能繁荣发展。

文变染乎世情，兴废系乎时序。

【典出】南朝·梁·刘勰《文心雕龙·时序》[1]

【原文】故知文变染乎世情，兴废系乎时序，原始以要终，虽百世可知也。

【释义】文章的变化受到时代情况的感染，不同文体的兴衰和时代的兴衰有关。

[1] 《文心雕龙》是中国南朝文学理论家刘勰创作的一部理论系统、结构严密、论述细致的文学理论专著。成书于公元501—502年（南朝齐和帝中兴元、二年）间。它是中国文学理论批评史上第一部有严密体系的、“体大而虑周”的文学理论专著。刘勰《文心雕龙》的命名来自于黄老道家环渊的著作《琴心》。

中国古代的文学传统中，有一项叫做“诗教”，注重“诗”的教化作用——在这里，所谓“诗”，其实就是文学，而以六经中的《诗经》为经典文本。诗教也称“风教”，其中的重要理论，就是文学和社会、国家的关系。按照这种理论，社会风气淳朴时，其诗歌、文学形式也是质朴、具有伦理的“风”“雅”“颂”；而当社会混乱、国家凋敝、朝纲荒废，就会出现淫靡的“郑声”，也会出现讽刺性的“变风”“变雅”，因为诗人只能用这种隐晦的形式来劝谕执政者。诗教理论及其变体，是中国传统文学中非常重要的流派，也是经常占主流地位的一派。发展到后来，就是“文以载道”，“文章合为时而著”。刘勰《文心雕龙》中的这句话，也是表达类似的意思。比如，人们常常看不起“宫体”“六朝体”，认为那种淫靡、绮丽的风格代表了那个时代的柔弱偏安；而盛唐气象之时边塞诗的兴起，则代表着一种阳刚、英雄气概的时代精神。同时，是时代孕育了不同的文学风格，而文学风格也反过来潜移默化着时代心理。

对于当今的社会，这种观点还有什么作用呢？其实就是重视文学、文化作品对于社会风气、心理道德的塑造和教化作用。我们常说，好书是开卷有益，但前提是要让好书、好作品能够流传、传播。到今天，这种“教化”并不一定是僵化的、自说自话的，也可以是很好看、很受欢迎的。在这方面，美国、韩国、欧洲的影视作品、音乐、文学的对外传播，都有值得我们学习的地方。

殷忧启圣，
多难兴邦。

【典出】晋·刘琨《劝进表》

【原文】或多难以固邦国，或殷忧以启圣明。

【释义】多难兴邦，指多灾多难的局面，往往可以激发人民励精图治，转危为安，使国家复兴强盛起来。殷忧启圣指对人而言，凡事都要作深入思考、反复揣摩，并始终保持着这样一种忧患意识，则能不断激发人的智慧与潜能，来成就一番事业，成为一名“圣人”。

曾国藩在治学格言中提到:“人败离不得个逸字”。人如果不能有一股精神一直提在心头,很容易消沉疲沓,斗志涣散,因为好逸恶劳是人的本性。一直以来都有这么一个争论,是顺境更能成才还是逆境更能成才?这两种环境一个人一辈子都会碰到,顺境时春风得意马蹄疾,逆境时卧薪尝胆锥刺股,一个人的成才与否,更应当看他如何去面对环境、适应环境。顺境时能居安思危,逆境时能奋发图强,所谓“殷忧启圣”。生命是面镜子,在磨砺中才会发光。

人如此,国亦如此。历史上多少王朝在歌舞升平中迎来了命运的转折?“山外青山楼外楼,西湖歌舞几时休。暖风熏得游人醉,只把杭州作汴州”,一个“逸”字消磨了多少民族斗志!

近代以来,中国承受了巨大的苦难,但也成就了巨大的辉煌。中国人的民族意识也是在侵略者的铁蹄下觉醒的。所以,我们回顾历史,除了看到无尽的苦难外,也要感谢苦难让中国学会了坚强。“多难兴邦”,无论是战争年代的抵抗侵略,还是和平年代的改革攻坚,难题一个接一个,但何尝不是复兴路上的考验呢?

不知何处是他乡。

【典出】唐·李白《客中行》

【原文】但使主人能醉客，不知何处是他乡。

【释义】主人端出如此好酒，定能让他乡之客醉倒。最后哪能分清，何处才是家乡？

此句易被人看作是思乡之作，表达作者身在异乡对家乡的思念，略有伤感。不过，此句还有另外一种解读：异乡主人太热情、景色太美好，让客人少了初到他乡的陌生感和不安情绪，多了身在家乡的归属感。从国家治理的现实意义来讲，顺利实现城镇化，让农民进城住楼，怎么才能让他们甘愿、舒心呢？执政者要制定配套政策，给这部分人予以妥善安排，让这些人在城里、在楼上能住得舒服、生活无忧、情感有地方安放，那他们怎么还会不愿意呢？

千篇著述诚难得，一字知音不易求。

【典出】唐·齐己《谢人寄新诗集》

【原文】千篇著述诚难得，一字知音不易求。

【释义】长篇大论的文章虽然可贵，但是能从一个字就能知道你想法的人却很少有。

人要通过多种途径不断学习，听取多方建议。从长篇理论著作中学习是基础，但是若有人能够画龙点睛，提出切中命脉的意见，所谓“一字之师”，则是一种更高效的学习和沟通。治理一个国家、一个政党亦是如此。不仅要学习基础思想理论，还要不断寻求这样的“一字知音”，不断接纳这些人的意见。比如我们的多党合作和政治协商制度，就是传承了古典智慧的伟大政治创造。无论是在中央还是地方的工作中，用好政党协商这个民主形式和制度渠道，有开放的心态接纳“一字知音”，并且珍惜这样的环境，有事多商量、有事好商量、有事会商量，则能够凝聚共识、凝聚智慧、凝聚力量。同时，做他人的“一字知音”也并非易事，要言之有据、言之有理、言之有度、言之有物，道实情、建良言，参政参到要点上，议政议到关键处，这样才能取得令人珍惜的实效。

来而不可失者，时也；蹈而不可失者，机也。

【典出】宋·苏轼《代侯公说项羽辞》

【原文】臣闻来而不可失者，时也。蹈而不可失者，机也。

【释义】在眼前不可白白流失掉的是时间，遇上了就不可错失的是机会。

在中国人的时间观念中，“时”不仅仅是一个物理概念和计时刻度，更是一个历史的趋势，所以说要“与时俱进”。而在这时间的流动中，蕴含着转瞬即逝的机遇，形势随时移易，机遇也是如此。

时与机是中国人理解世界的基本规律，也指导着我们的实践。

举例来说，为什么我们要有紧迫感，大力推进改革？因为机会窗口不等人。在全面深化改革的今天，中国经济处于“三期叠加”：增长速度换挡期、结构调整阵痛期和前期刺激政策消化期，正赶上金融危机后全球经济增长乏力，出口拉动增长已出现边际效益递减，而前些年投资拉动增长带来的产能、库存过剩，杠杆率高等后遗症还需要长时间的消化。传统增长方式显出颓势，必须要转变发展思路。于是有创新、协调、绿色、开放、共享五大发展理念的提出，有供给侧结构性改革的部署，有去产能、去库存、去杠杆、降成本、补短板的五大任务的开展……

所谓“危中有机”，历史的发展充满辩证法。现在的困难，恰好是改革的最佳良机，阵痛难免，但我们必须调整好自己，迎接下一个发展机遇。

元・钱选《王羲之观鹅图》

明·宣宗 《三羊开泰》

善治病者，
必医其受病之处；
善救弊者，
必塞其起弊之源。

【典出】北宋·欧阳修《欧阳修文集卷四十六·准诏言事上书》

【原文】臣又闻善治病者，必医其受病之处；善救弊者，必寻其起弊之源。今天下财用困乏，其弊安在？起于用兵而费大故也。

【释义】善于治病的医生，一定要治疗发病的部位；善于改革弊端的人，一定要治理问题产生的根源。

此句从治病救人比喻国家治理，点明国家治理需要找到发展弊端的形成原因，才能彻底解决。

国际场合中，在大家达成共识的时候，中国提议解决问题的方法："我们既要治标以求眼下稳增长，又要治本以谋长远添动力；既要落实好以往成果，又要凝聚新的共识；既要采取国内措施、做好自己的事，又要精诚合作、共同应对挑战"。

解铃还须系铃人。

【典出】宋·惠洪《林间集》

【原文】法灯泰钦禅师少解悟，然未为人知，独法眼禅师深奇之。一日法眼问大众曰："虎项下金铃，何人解得？"众无以对。泰钦适至，法眼举前语问之，泰钦曰："大众何不道：'系者解得。'"

【释义】比喻由谁引起的麻烦，仍由谁去解决。

泰钦禅师的回答看似文字游戏，但却是非常巧妙的化解矛盾之道。

我们常说，“退一步海阔天空”，在剑拔弩张对峙的时候，舒缓情绪，浇灭心火，当然有助于缓解矛盾。但注意，这仅仅是缓解，而不是解决。双方在心理上得到了安慰，并不代表这矛盾的解决。

要解决矛盾，必须要分清楚责任。到底是谁先引发了矛盾，是谁先挑动了争端，尤其是在国与国解决历史恩怨的时候，分清楚责任是基本的原则问题，不能简单“一笑泯恩仇”。

比如在历史问题上，中国和日本一直存有争议。国内也有人提到，历史都过去这么久了，太过纠结就不是面向未来的长远眼光，所以主张在历史问题上与日本达成妥协。但殊不知，如果在战争的责任上都无法分清，那就是罔顾正义，纵容犯罪。事实就是事实，公理就是公理，不由任何人信口雌黄。这是中国作为一个战胜国的基本尊严。当然，我们强调牢记历史并不是要延续仇恨，而是要以史为鉴、面向未来，共同珍爱和平、维护和平。

要打开中日间的这段心结，绝不是让中国人民忍气吞声。解铃还须系铃人，日本对战争责任的承认，同样应是一个正常国家的担当。

近水楼台先得月。

【典出】宋·俞文豹《清夜录》[1]

【原文】范文正公镇钱唐，兵官皆被荐，独巡检苏麟不见录，乃献诗云："近水楼台先得月，向阳花木早逢春。"公即荐之。

【释义】水边的楼台先得到月光。

〔1〕俞文豹，字文蔚，括苍（今丽水）人。生卒年均不详，约宋理宗嘉熙末前后在世。曾任湖北蕲春教谕，其余生平事迹亦无考。著作甚多，有《清夜录》一卷，《古今艺苑谈概》上集六卷，下集六卷，《吹剑录》一卷，《吹剑录外集》一卷，均《四库总目》并传于世。作品对南宋政治腐败有所揭露，对丽水的山川人物也有赞颂。

近水楼台先得月，向阳花木早逢春，这句诗写景非常优美。不过在后世的运用中，常用来指代人事。

在人类历史中，权力始终是一个邪恶而充满魅力的存在。说它邪恶，是因为没有规则的权力就像是出笼的猛兽一般，到处噬人，而说它有魅力，是因为人类社会离开权力又无所发展，无论是野心家，还是革命家，都在拼命追逐权力。当然，每一个时代，掌握权力的都是社会的少数，但我们也不要忘记，每一个权力中心的周边，都集聚了一批仰其鼻息的既得利益集团。这些人因为接近权力中心，因此得以垄断庞大的资源，获取巨大的利益。

他们可能是权贵阶层，也可能是“白手套”，他们游走在政策边缘，与权力完成一次又一次的合谋。我们看到，每一个贪腐案中，官员的身边莫不集聚了一批“近权力的楼台先得利益”的商人。权钱交易，是贪腐永恒的话题。

规制权力始终是中国社会的一个难题。如果不加以限制，权力就是一个巨大的黑洞，吞噬所有的资源，造成严重的社会不公。

“近水楼台先得月”，这本来就是一个自然规律，但不能让这自然规律变成权力与金钱的游戏。

千军易得，一将难求

【典出】元·马致远《汉宫秋》

【原文】陡恁的千军易得，一将难求。

【释义】千军万马容易得到，而一位将才却难得到。

在现代国力的竞争中，人才资源是第一资源。所谓“一将难求”，对于现代国家治理来说，更多指的是“人才难求”，特别是各行各业中领军式人才难求。目前，我国一方面人才总量不少，但另一方面也有着人才结构性不足的矛盾。怎样去解决？首先，是应该着力用好用活人才，建立更加灵活的人才管理机制，完善评价体系，打破人才流动、使用、发挥作用中的体制机制障碍，让高层次的人才能够“人尽其才”。其次，要改进教育体制，提高人才培养质量。再次，吸引海外优秀人才，用更积极的政策吸引国际人才。只要找到了合适的“将才”，就可以激发一个领域、一个行业的创新活力，也会给更多的人才树立示范效应。

大厦之成，非一木之材也；大海之阔，非一流之归也。

【典出】明·冯梦龙《东周列国志》[1]

【原文】臣闻大厦之成，非一木之材也；大海之阔，非一流之归也。

【释义】高大的房屋建筑的建成，不是靠一棵树的木材原料就能做到的；大海之所以辽阔，不是靠一条河流的水注入进来就能形成辽阔态势的。

〔1〕《东周列国志》是中国古代的一部历史演义小说，作者是明末小说家冯梦龙。这部小说由古白话写成，主要描写了从西周宣王时期直到秦始皇统一六国这五百多年的历史。

一顿饭吃不成胖子，凡事都需要积累；一个人建不成长城，做大事需要合力，集合众人之智。正如明代冯梦龙在《东周列国志》所说："大厦之成，非一木之材也；大海之阔，非一流之归也。"国家和民族，就是"大厦"和"大海"，国家富强，民族复兴，是众人的事，非"一木""一流"能够完成。不但需要执政党中国共产党，也需要坚持和完善中国共产党领导的多党合作和政治协商制度，完善工作机制，搭建更多平台，为民主党派和无党派人士在政协更好发挥作用创造条件，需要积极引导各族群众对伟大祖国的认同、对中华民族的认同、对中华文化的认同、对中国特色社会主义道路的认同，充分发挥宗教界人士和信教群众在推动经济社会发展中的积极作用，促进民族团结、宗教和睦，等等。

名非天造，必从其实。

【典出】清·王夫之《思问录·外篇》

【原文】非天所有，名因人立。名非天造，必从其实。

【释义】名称并不是天生的，必须依据事实。

名和实的问题，是一对辩证关系。“名非天造，必从其实。”清代思想家王夫之在《思问录》的这句话，道出的是“实事求是”的思想。坚持实事求是，就必须坚持一切从实际出发。治理国家，追求民主同样如此。民主的“名”很多，世界上各式各样的民主，实现民主的形式是丰富多样的，没有一种放之四海而皆准的评判标准。关键的，还是要“实”。人民是否享有民主权利，要看人民是否在选举时有投票的权利，也要看人民在日常政治生活中是否有持续参与的权利；要看人民有没有进行民主选举的权利，也要看人民有没有进行民主决策、民主管理、民主监督的权利。社会主义民主不仅需要完整的制度程序，而且需要完整的参与实践。人民当家作主必须具体地、现实地体现到中国共产党执政和国家治理上来，具体地、现实地体现到中国共产党和国家机关各个方面、各个层级的工作上来，具体地、现实地体现到人民对自身利益的实现和发展上来。

以古人之规矩，开自己之生面。

【典出】清·沈宗骞《芥舟学画编》

【原文】苟能知其弊之不可长，于是自出精意，自辟性灵，以古人之规矩，开自己之生面，不袭不蹈，而天然入彀，可以揆古人而同符，即可以传后世而无愧，而后成其为我而立门户矣。

【释义】运用古人总结出来的规矩法则，开创自己的独特局面。

其实这句话就是说，人们要学习传统文化中的精华，利用已有的经验开创局面。这有两种解读，其一是说此句有关创新，另一解释是有关文艺作品。不论如何，传承中华文化，绝不是简单复古，也不是盲目排外，而是古为今用、洋为中用，辩证取舍、推陈出新，摒弃消极因素，继承积极思想，实现中华文化的创造性转化和创新性发展。

简单说来，要想快捷地实现未来的良性发展，必须在学习前人的丰富经验的基础上，创新方式方法。

我劝天公重抖擞，
不拘一格降人才。

【典出】清·龚自珍《己亥杂诗》

【原文】同引用。

【释义】我奉劝老天爷（喻指朝廷）重新振作精神，不拘一格派选人才下来。

一个国家的发展，核心是要依靠人才。那么该如何选拔人才？龚自珍的这一句诗，能被传诵至今，自有其道理。而且令人感动的，正在“不拘一格”四个字上。创新是时代发展的动力，而人才是创新的根基。而在选拔人才这件事上，最应该具有创新意识。越是在时代转型、经济发展转型的关键节点上，越是要创新式地选拔人才。对于古代中国来说，人才上升的通道比较狭窄，所以才会有龚自珍的呼唤。而对于现今的时代来说，青年人可以发挥自己才华的空间非常广阔，一方面我们应庆幸于此，另一方面也要更加积极地去探索，继续进一步完善体制机制，创造宽松的政策环境，充分发挥优秀人才的主观能动性，让人尽其才、才尽其用、用有所成。

履不必同，期于适足；治不必同，期于利民。

【典出】清·魏源《古微堂·治篇》[1]

【原文】江河百源，一趋于海，反江河之水而复归之山，得乎？履不必同，期于适足；治不必同，期于利民。

【释义】鞋子不必相同，期待的是它能合脚。治理的方法不必相同，期待的是它能有利于人民。比喻重要的是要找到一条适合自己的路。

〔1〕《古微堂集》，清代魏源撰别集，共十卷，分内、外两集，内集为《默觚》三卷，外集录有序、记、议论等七卷。

什么是治理能力和治理体系的现代化？对于执政党的大政方针和国家的体制机制，根据什么来评价？应该根据实践来评价。从最顶层的制度来看，中国道路是历史的选择，中国特色社会主义道路既不是“过去的”，也不是“西化的”，而是中国“独创”的人间正道。从具体的各项政策来看，实践也是最重要的检验标准，比如政策执行是不是容易到位？政策落地是不是有利于促进发展和改善民生？现在有一些观点，喜欢简单地照搬西方发达国家的标准来评价、指摘中国的现实，这是没有道理的。我们应该承认、面对发展中还存在的问题，并且应该认真分析问题、解决问题，这就需要保持强大的战略定力，不为风险所惧，不为干扰所惑，把改革发展的每一步走踏实。

当前，很多国家正在自主探索发展道路，一方面中国愿意同朋友们分享治国理政经验，从各自古老文明和发展实践中汲取智慧，另一方面更是鼓励他国找到自己“适足”“利民”的发展道路。

平天下

中国人，哪怕普通人，历来关注“天下”，向往“平天下”。它的根子，就是中华文化蕴含的“天下观”。

古人讲究“格物、致知、诚意、正心、修身、齐家、治国、平天下”，这个进阶顺序中，平天下是终极目标。它是一种超能力，更是一种大情怀。它是政治家的理想，又是知识分子的追求，所谓“为天地立心，为生民立命，为往圣继绝学，为万世开太平”。同时，它又依靠众人努力，是人人能向往，个个可梦想的事情，“天下兴亡，匹夫有责”。

“天下”者何？是中国，是世界，更是民心。“平”者何？是秩序、富足和安宁，安民心才能平天下。

以国内而言，平天下就是“两个一百年”“中国梦”的实现。蓝图一定，剩下就看干部。要管好干部，需要先管好党，“全面从严治党”才能管好党。古语中，包含“平天下”的智慧。“郡县治，天下安。”在中国的组织结构和国家政权结构中，县一级处在承上启下的关键环节。县委是党执政兴国的“一线指挥部”，县委书记就是“一线总指挥”。“平天下”不易，需要大量心血和汗水。

以世界而言，天下仍很不太平。具体表现有，发展问题依然突出，整体复苏艰难曲折，各种形式保护主义上升，全球治理机制有待进一步完善……此种背景下，中国倡建“一带一路”、亚洲基础设施投资银行，设立“丝路基金”，提出“人类命运共同体”。2016 年，中国在杭州举办二十国领导人峰会，更是为全球经济金融治理，提出中国方案，展示中国智慧。

“计利当计天下利。”中国讲究“共商、共建、共享”“亲、诚、惠、荣”“真、实、亲、诚”“不冲突、不对抗，相互尊重，合作共赢”，在追求本国利益的同时兼顾别国利益，惠本国、利天下。

“平天下”，更是一种道。“大道之行也，天下为公”。

凡益之道，与时偕行

【典出】《周易·益卦·彖传》

【原文】《彖》曰：益，损上益下，民说无疆。自上下下，其道大光。"利有攸往"，中正有庆。"利涉大川"，木道乃行。益动而巽，日进无疆。天施地生，其益无方。凡益之道，与时偕行。

【释义】增益的道理，就在与时间相向而行。

在中国人的哲学词典中，“时间”是一个非常重要的概念。它不仅是一个历史的刻度，更是一个处事的态度。时间不是一个一个断点的简单累加，而是一个“流”，是一个线性的发展历程，这背后有历史演进的规律，我们称之为“势”。所以，我们讲究“因势利导”“顺势而为”，也就是说，做事要能透析到历史背后的规律，顺应历史发展的趋势。这就是益卦里面的这句话：“与时偕行”。

因此，这种道理应用于国家间的关系，何尝不是如此？我们常说和平发展是当今世界的主流，那么我们发展国与国之间的关系，也应该是合作互利的方式，共同促进两国福祉。如果说，世界秩序发展至今，依然是丛林法则，那么我们就没能深刻理解全球化的根本含义。从表面上看，全球化因资本、生产的流通让世界各方都成了利益攸关方，武器杀伤力的升级也让世界坐在火药桶上，但从另一个角度上，这种平衡也可以促使我们进一步思考人类的共同命运，坚持走和平发展的共赢道路。

“友谊的小船是不是说翻就翻”，取决于我们能否深刻理解“命运共同体”这五个字的意义。

二人同心，其利断金。

【典出】《周易·系辞上》

【原文】二人同心，其利断金；同心之言，其臭如兰。

【释义】两个人同心协力，足以把金属斩断。

“独木不成林”，人要想收获更大力量，总需要朋友、亲人的相助，“众人拾柴火焰高”，大家同心协力，则能做成大事。同理，在与他国的国际交往中，我们所奉行和平共处的五项原则，其中之一就是“平等互利”。在当下国际政治复杂、各种威胁与挑战不断的情况下，能够与关系友好的国家深化友谊，无疑是共同面对国际挑战的有效方式。任凭国际局势波诡云谲，而仍能与伙伴国家勠力同心，长存风雨同舟、患难与共的坚定意志，则会有“人心齐，泰山移”的效果。无论是在经济发展还是政治局势上的困难，只要大家有团结一心、共克时艰的信念，那么共同维护好稳定发展的国际环境将成为可能，各种风险和挑战也终会被克服。而这样的一种开放共赢的心态，才是一个负责任大国应有的国际形象。

既以为人，己愈有；既以与人，己愈多。

【典出】《道德经·第八十一章》

【原文】圣人不积，既以为人，己愈有；既以与人，己愈多。天之道，利而不害；圣人之道，为而不争。

【释义】圣人不存占有之心，而是尽力照顾别人，他自己也更为充足；他尽力给与别人，自己反而更丰富。自然的规律是让万事万物都得到好处，而不伤害它们。圣人的行为准则是，去做事，但不争。

双赢是一种智慧，在个人生活中如此，在国家交往间亦然。既然选择了与人合作，就需要处处为对方考虑，帮助对方实现利益最大化，真正为他人着想，才能实现真正的双赢。

合作共赢，中国一直以这种理念与各国进行往来。中国梦愿与世界各国的梦想互相呼应，在发展中不断实现战略对接、优势互补，共同走上繁荣之路。

协和万邦

【典出】《尚书·尧典》〔1〕

【原文】九族既睦，平章百姓，百姓昭明，协和万邦。

【释义】首先把自己的宗族治理好，继而把自己的国家治理好，进而使各国团结起来。

〔1〕《尚书》又称《书》《书经》，是我国古代第一部历史文集，所记基本是夏商周三代的誓、命、训、诰一类的公文。文字古奥难读。《汉书·艺文志》载：《尚书》原有一百篇，孔子编纂并作序。因遭秦代焚书，汉初时流传有今、古文不同的传本。今文《尚书》二十九篇，是汉初经师伏生所传。古文《尚书》在汉武帝时发现于孔子旧宅壁中，比今文《尚书》多出十六篇，这十六篇后来亡逸。西晋永嘉之乱后，今文《尚书》散亡。今存于《十三经注疏》的《古文尚书》有五十八篇，其中的三十三篇与汉代传本文字大抵相同，另外二十五篇是东晋人的伪作。清人孙星衍作《尚书今古文注疏》，摒弃二十五篇伪作，将篇目重新厘定为二十九篇，大抵恢复了汉代《尚书》传本的面貌。

中华民族自古以来就崇尚“协和万邦”“兼爱非攻”等理念，这是一种崇尚和平的思想传统。这也是为什么在现代中国与亚洲其他国家的交往中产生了和平共处五项基本原则的重要原因。“协和万邦”的精神传统，不仅仅有和平，还有团结协作。和平共处五项基本原则中包含四个“互”字、一个“共”字，既代表了亚洲国家对国际关系的新期待，也体现了各国权利、义务、责任相统一的国际法治精神。诞生六十年来，和平共处五项基本原则已经走向亚洲、走向世界，历经国际风云变幻考验，展现出强大的生命力。

天视自我民视，天听自我民听。

【典出】《尚书·泰誓》

【原文】同引用。

【释义】上天所看到的来自于我们老百姓所看到的，上天所听到的来自于我们老百姓所听到的。

上天所看到的，来自于我们老百姓所看到的；上天所听到的，来自于我们老百姓所听到的。中国古人说，“天视自我民视，天听自我民听”，这里有朴素的民本思想。以人为本，注重听取民众的声音，这是中国共产党执政的重要特点。一方面要眷顾民生，要以人民群众利益为重、以人民群众期盼为念，真诚倾听群众呼声，真实反映群众愿望，真情关心群众疾苦。要坚持工作重心下移，深入实际、深入基层、深入群众，做到知民情、解民忧、纾民怨、暖民心，多干让人民满意的好事实事，充分调动人民群众的积极性、主动性、创造性。另一方面，要听取民声，“以天下之目视，则无不见也；以天下之耳听，则无不闻也；以天下之心虑，则无不知也”，通过民主集中制的办法，广开言路，博采众谋，动员大家一起来想、一起来干。

量腹而受，

量身而衣。

【典出】战国·墨翟《墨子·鲁问第四十九》

【原文】子墨子谓公尚过曰："子观越王之志何若？意越王将听吾言，用我道，则翟将往，量腹而食，度身而衣，自比于群臣，奚能以封为哉？"

【释义】知道肚量的大小才去接受（吃多少东西），知道身材的高低才能穿（合适的）衣服。

鞋子合不合脚，只有自己穿了才知道。任何一种制度，都要符合所在国的历史、现状以及人民的意志。在当今这个多元化的时代，尊重多样性、宽容多样性，应该成为国际社会的共识。公平、正义、民主、自由、平等、开放，是每一个现代国家都应当追求的共同价值。但如何实现这些价值，不同国家可以有不同的模式和道路。对不同道路的尊重，同样应该成为共识。

人类的不宽容历史我们已经不用多说。而在诸多不宽容中，对于"价值"的不宽容是最严重的一种，它导致了宗教之间的漫长征战、打着价值旗号的殖民侵略，以及无休止的指责、猜忌、质疑和冲突。

所以，根据自己的食量吃饭、比照自己的身材做衣服、按照双脚的尺寸去穿鞋，这些看上去再自然不过的常识，就成为异常珍贵、而且值得共同遵循和追求的共识，而非按照高度意识形态化的"民主""专制""独裁""自由"等词语去评价任何一国、任何一种制度。毕竟，条条大路通罗马，而达到罗马的道路不必相同。

强不执弱，富不侮贫。

【典出】战国·墨翟《墨子·兼爱中》

【原文】天下之人皆相爱，强不执弱，众不劫寡，富不侮贫，贵不敖贱，诈不欺愚。凡天下祸篡怨恨，可使毋起者，以相爱生也。是以仁者誉之。

【释义】强大者不控制弱小者，富人不欺侮穷人。

和平发展思想是中华文化的内在基因，讲信修睦、协和万邦是中国周边外交的基本内涵。近代以来，外敌入侵、内部战乱曾给中国人民带来巨大灾难。中国人民深知和平的宝贵，绝不会放弃维护和平的决心和愿望，绝不会把自身曾经遭遇的苦难强加于他人。中国繁荣昌盛是趋势所在，但国强必霸不是历史定律。中国自古倡导“强不执弱，富不侮贫”，深知“国虽大，好战必亡”的道理。中国坚持走和平发展道路，坚持独立自主的和平外交政策，不是权宜之计，而是我们的战略选择和郑重承诺。

天下兼相爱则治，交相恶则乱。

【典出】战国·墨翟《墨子·兼爱上》

【原文】若使天下兼相爱，国与国不相攻，家与家不相乱，盗贼无有，君臣父子皆能孝慈，若此，则天下治。故圣人以治天下为事者，恶得不禁恶而劝爱。故天下兼相爱则治，交相恶则乱。

【释义】天下人相亲相爱，国家就能治理好；天下人相互仇恨，国家就会出现动乱。

“兼爱”是墨家的重要思想。所谓“兼爱”，用社会主义核心价值观的用词来解释，就是和谐、友善。在国内看，要倡导人民之间的友善互助之心，构建和谐社会；在国际看，更是如此，特别是在当今这个信息、网络高度发达的时代，任何一点国际事务上的风吹草动，都有可能引起全球性恐慌或危机。在这样的情况下，各国更应该坚持互信互利的理念，摈弃零和博弈、赢者通吃的旧思维。以开放合作的心态，搭建沟通平台，创造更多的利益契合点、增长点，追求“兼爱”而非“交恶”。

凡交，近则必相靡以信，远则必忠之以言。

【典出】《庄子·人间世》

【原文】同引用。

【释义】凡是交往，与身边的朋友交往一定要相互信任，与远方的朋友交往一定要忠实于自己的诺言。

《庄子·人间世》一篇描绘了人无往不在枷锁中的焦灼状态。不过文中也借孔丘之口，说出了一个人与人交往的基本道理：信。

“人而无信，不知其可也”，信是然诺，“君子一言，驷马难追”，在中国人的相处之道中，一诺千金是道德的典范；信是信任，人与人之间交往的基础就是信任，只会猜忌的朋友关系是不可长久的；信也是践诺，“言必行，行必果”，朋友交往中，夸夸其谈的许愿不能要。

如果扩大到整个国际交往中，中国的和平共处五项基本原则就是中国式道德的最佳典范。这些年，中国针对周边国家提出了亲、诚、惠、容的外交理念，深化同周边国家的互利合作，努力使自身发展更好惠及周边国家，永远做发展中国家的可靠朋友和真诚伙伴。同时，中国也重视各大国的地位和作用，致力于同各大国发展全方位合作关系，积极同美国发展新型大国关系，同俄罗斯发展全面战略协作伙伴关系，同欧洲发展和平、增长、改革、文明伙伴关系，大家一起来维护世界和平、促进共同发展。

这一远一近的相处之道，便是中国人的朋友观。

合则强，孤则弱

【典出】《管子》

【原文】夫轻重强弱之形，诸侯合则强，孤则弱。

【释义】各国能够联合起来就强大，彼此孤立就弱小。

人生在世，无往不在关系之中，世界也是如此。二百多个国家同处于一个地球，虽然说地球不可能是宇宙的生命孤岛，但我们迄今尚未发现周边星系有生命存在的可能，也未能发现人类可居住的第二星球。四顾苍茫，我们没有理由不珍惜地球的生存环境。

但这一条命运小船上的兄弟，却易生嫌隙，大小摩擦不断，几次世界大战几乎将世界逼到文明倒退甚至毁灭的边缘。而和平时期，我们又面临着气候变化、能源资源安全、网络安全、重大自然灾害等日益增多的全球性问题，这不得不促使我们放下武器，平息心火，好好谋划，共同呵护人类赖以生存的地球家园。

所谓“合则强，孤则弱”，合作共赢应该成为各国处理国际事务的基本政策取向。合作共赢是普遍适用的原则，不仅适用于经济领域，而且适用于政治、安全、文化等其他领域。如果我们能把本国利益同各国共同利益结合起来，努力扩大各方共同利益的汇合点，积极树立双赢、多赢、共赢的新理念，摒弃你输我赢、赢者通吃的旧思维，这样才能达至“各美其美，美人之美，美美与共，天下大同”的理想状态。我们要坚持同舟共济，权责共担，携手应对。

度之往事，
验之来事，
参之平素，
可则决之。

【典出】春秋战国《鬼谷子·决篇》[1]

【原文】于事度以往事，验之来事，参之平素，可则决之。

【释义】从以往的历史进行推断，验证未来的事，再参考日常的事，如果可以，就作出决断。

〔1〕《鬼谷子》最早见于《隋书·经籍志》，在其后的史书及其他文献典籍中也多有记载。《鬼谷子》作为纵横家游说经验的总结，它融会了鬼谷子毕生学术研究的精华。《鬼谷子》共二十一篇，为纵横家的代表著作，为后世了解纵横家的思想提供了参考。

历史能给人以许多启示，无论对个人，还是对国家都是如此。其中最重要的作用，就是读懂人的历史，进而读懂不同社会、国家、文明的历史。比如，为什么说中国是一个爱好和平的国家？这一点从历史上就可以读出来。无论是强盛如汉唐，还是经济发达如明清，中国都很少向外侵略扩张，而多进行张骞使西域、郑和下西洋式的交流。中国即使有对外战争，也多是防御性的。从这一点来判断，就不会发生战略误判。

在国际社会中，这一点尤其重要，尤其是大国之前，一定要避免战略误判的发生。类似的悲剧已经发生过很多次，当今的人们就要从历史中吸取教训。“度之往事”，就是从历史进行推断；“验之来事”，就是要从当下的承诺看未来的践行。在历史的维度中，加上常理、常情和对当下局势的分析，就可以有效地做出正确的判断。中国是一个爱好和平、负责任的大国，这一点，无论从历史上还是现实中都可以看出。秉持这个基本判断，才能更好地理解当今中国在世界秩序中扮演的寻求合作共赢的角色。太平洋很大，可以装得下中国和美国两个大国；世界也很大，各个国家都可以在地球上成为命运共同体。

国之交在于民相亲。

【典出】《韩非子·说林上》

【原文】智伯索地于魏宣子，魏宣子弗予。任章曰："何故不予？"宣子曰："无故请地，故弗予。"任章曰："无故索地，邻国必恐。彼重欲无厌，天下必惧。君予之地，智伯必骄而轻敌，邻邦必惧而相亲，以相亲之兵待轻敌之国，则智伯之命不长矣。《周书》曰：'将欲败之，必姑辅之；将欲取之，必姑予之。'君不如予之以骄智伯。且君何释以天下图智氏，而独以吾国为智氏质乎？"君曰："善。"乃与之万户之邑，智伯大悦。因索地于赵，弗与，因围晋阳，韩、魏反之外，赵氏应之内，智氏自亡。

【释义】国与国交往的基础是否扎实，关键在于人民友谊是否深厚。

长期友好的两个国家，一般都有个共同特点，就是两国人民长期互相支持，友谊深厚。人民的交往，是两国友好合作的基石；人民间的相互理解，是两国互利合作的基础；人民友谊的传承，是两国友好事业薪火相传、兴旺发达的基础。

两国人民之间的友谊，既来自于过去的友好交往，也来自于对未来的共同耕耘。比如，两国的青年人是否有共同的兴趣爱好，愿意传承友谊，愿意推动友谊，愿意以新时代的方式发展友谊，这些同样非常关键。

独学而无友，
则孤陋而寡闻。

【典出】《礼记·学记》

【原文】同引用。

【释义】独自学习而无人切磋，则孤偏鄙陋，见闻不多。

道理很浅显，需要不断向别人学习，才能确保视野宽广，个人如此，国家亦然。对于中国来说，历史悠久的中华文明是我们的根基，是永远不能丢的血脉，但这不意味着我们应该故步自封，只有坚守而没有创新。事实上，中华文明最为巅峰的时期，正是与外界交流最为频繁的时期。而在紧闭国门多年之后，我们才发现西方坚船利炮火力之猛烈。

文明之间的相互学习与交流，已经成为许多主流文明的共识。五大洲文明都有值得我们学习借鉴之处，都应该积极吸纳其中的有益成分，使人类文明中的优秀成分与我们有机结合，与当代中国的发展现状有机结合。我们应当择其善者而从之，其不善者而改之，兼收并蓄、去伪存真，以真正开放的心态打开民族的视野，建设一个现代化的中国。

驰命走驿，
不绝于时月。

【典出】《后汉书·西域传》

【原文】驰命走驿，不绝于时月；商胡贩客，日款于塞下。

【释义】送信的、传达命令的，每月都不断。形容西域经济文化交流繁盛的景象。

这句话形象地概括了中华民族和阿拉伯民族在历史上的长期交往。回顾中阿交往历史，就会让人想起陆上丝绸之路和海上香料之路。甘英、郑和、伊本·白图泰是名留青史的中阿交流友好使者。丝绸之路把中国的造纸术、火药、印刷术、指南针经阿拉伯地区传播到欧洲，也把阿拉伯的天文、历法、医药介绍到中国，在文明交流互鉴史上写下了重要篇章。千百年来，丝绸之路承载的和平合作、开放包容、互学互鉴、互利共赢精神薪火相传。当前，中国正在实施“一带一路”战略，这一战略也将给阿拉伯国家带来重大机遇。中国同阿拉伯国家因为丝绸之路相知相交，是共建“一带一路”的天然合作伙伴。

双方应该坚持共商、共建、共享原则，既登高望远，也脚踏实地，让“一带一路”建设尽早取得实实在在的成果。

以心相交者，成其久远。

【典出】隋·王通《中说·礼乐篇》

【原文】以势交者，势倾则绝；以利交者，利穷则散。

【释义】以权势作标准交朋友的，权势失去了，交情也便随之断绝；以利益作标准交朋友的，利益穷尽了，交情也随之结束。

交朋友有许多的标准，不同的人也有不同的视角，但是长期的实践表明，有一些共同的因素，是友谊长存的诀窍。古人很早就发现，权势与金钱不能让友谊长久，但是真心待人，却能让友谊长存。

国家之间的交往同样如此，从新中国成立以来，一直主张对所有国家一视同仁，不论国家大小、贫富、强弱，都是国际社会平等一员。无论是和平共处五项原则，还是中国多年来对待所有国家的方式，都是这一点的明证。也正是这样，才让中国在世界上有着许多朋友，无论何时，都同甘共苦、守望相助。

求木之长者，
必固其根本；
欲流之远者，
必浚其泉源。

【典出】唐·魏徵《谏太宗十思疏》

【原文】求木之长者，必固其根本；欲流之远者，必浚其泉源。

【释义】要想树木生长得高大茂盛，必须先稳固它的根部，只有树木的根基牢固了，树干才能高大挺拔，枝繁叶茂；要想水流连绵不绝，源远流长，经久不息，就必须要疏通、加深它的源头。

可持续发展的理念如今已经逐渐成为各国的共识，中国一直是这种理念的倡导者和践行者。可持续发展需要以安全为条件，贫瘠的土地上长不成和平的大树，连天的烽火中结不出发展的硕果。只有安全才能保证发展，也只有发展才是解决安全问题的最佳方式。

最近几年来，中国积极参与到国际治理之中去。无论是在亚洲范围内，积极推动共同发展和区域一体化进程，还是在世界范围内，参与到全球经济治理的进程中去，中国的作为世界看在眼中，中国对安全与发展问题的关注，也得到了普遍的承认、理解。

登泰山而览群岳，则冈峦之本末可知也。

【典出】唐·王勃《八卦大演论》

【原文】故据沧海而观众水，则江河之会归可见也；登泰山而览群岳，则冈峦之本末可知也。

【释义】站在大海旁看江河，就知道江河为什么要会归大海；登上泰山看其他山，就知道其他山峰为什么以泰山为尊了。

本文前句有“据沧海而观众水，则江河之会归可见也”，实际是在阐述一种广阔的视野、一种大气的格局、一种高远的境界。这与“登高望远”和“欲穷千里目，更上一层楼”同工。

从个人来讲，要想有宏观大局的胸怀，必须提高个人的见识和境界。只有拥有了更高的学识，才能拥有更高的境界，也才能自如地应对工作生活中的各种问题。

我国在国际交往场合多次提到此句，表明中国是一个很有追求和拥有高远境界追求的国家，富强后绝不胁迫、欺侮其他国家，是非常贴切的。再次体现中国和平的外交思路、大气的国家气度。

清 · 任颐 《雪中送炭图》

清・石涛 《山水册页》之一

相知无远近，万里尚为邻。

【典出】唐·张九龄《送韦城李少府》〔1〕

【原文】送客南昌尉，离亭西候春。
野花看欲尽，林鸟听犹新。
别酒青门路，归轩白马津。
相知无远近，万里尚为邻。

【释义】只要彼此相知，即使相隔万里也可以像邻居一样。

〔1〕 张九龄（678—740）字子寿，一名博物，谥文献。汉族，唐朝韶州曲江（今广东省韶关市）人，世称“张曲江”或“文献公”。唐朝开元年间名相，诗人。西汉留侯张良之后，西晋壮武郡公张华十四世孙。七岁知属文，唐中宗景龙初年进士，始调校书郎。玄宗即位，迁右补阙。唐玄宗开元时历官中书侍郎、同中书门下平章事、中书令。母丧夺哀，拜同平章事。是唐代有名的贤相；举止优雅，风度不凡。自张九龄去世后，唐玄宗对宰相推荐之士，总要问“风度得如九龄否?”因此，张九龄一直为后世人所崇敬、仰慕。

中国人的时空观念很有意思，总是试图用一种心理状态去跨越时空的隔阂。比如“思接千载，视通万里”“海内存知己，天涯若比邻”，一个物理上的时空，被中国人幻化成了诗意的存在。

而这跨接时空的，是中国人独特的人生观和世界观，既能用于朋友间，又能用于国与国之间。当然这也是有前提的。一是要平等，无论是朋友间还是国家间，交往一定要基于平等，平等是友谊的前提。二是要信任，相知无远近，相知就是不仅要知情，更要知心，面对共同的发展问题，只有信任才能产生合作。三是要务实，朋友间要有共同语言和事业，国家间要有相同的发展任务，优势互补，只有在不断合作干事中，才能深化友谊。

山积而高，泽积而长。

【典出】唐·刘禹锡《唐故监察御史赠尚书右仆射王公神道碑》

【原文】铭曰：山积而高，泽积而长。圣人之后，必大而昌。由圣与贤，或为霸强。建不克嗣，济北疏疆。齐人德之，其族称王。

【释义】山由累积而高，水由累积而长。

做任何一件事情，都需要一个积累的过程，有积累才能有所成。一个人内在的修养，需要靠经验和感悟的积累；一个人外向的交往，也需要知识和人脉的积累。一个国家的建设发展，需要有远景规划，也需要有政策的连续性，以保证发展道路上的不断积累；国家与国家之间的交往，虽然利益格局会更加复杂，但同样需要共同的目标，需要各方坚持为此进行不懈努力。比如，中国积极倡导和践行共同、综合、合作、可持续的亚洲安全观，得到了很多国家的认同。这个目标确定之后，关键是要坚定信念，一步一个脚印走下去。只有不断积累，坚持前行，才能汇流成海，达成目标。

日月不同光，
昼夜各有宜。

【典出】唐 · 孟郊《答姚怤见寄》

【原文】日月不同光，昼夜各有宜。贤哲不苟合，出处亦待时。

【释义】尽管太阳和月亮在不同的时间发出不同的光辉，却都能为人类世界带来好处。

个人于社会、国家于国际，经常是类似的逻辑。在一个社会中，不同的个体发挥的是不同的作用；在国际社会中，不同的国家也扮演着不同的角色。扮演什么角色、发挥什么作用，要根据力量、地位来评定，量力而行，权责对应；在国际上，这一点尤其重要。

如何看待和应对当前的国际社会？“求同存异”“和而不同”，应该是一个理想的状态。世界上没有两片相同的叶子，正是因为多样性，这个世界才丰富多彩，文明也才有了交流互鉴的空间。正如太阳和月亮发出的是不同的光辉、出现在不同的时间，却都能为世界带来益处一样，诸如中国、美国、俄罗斯、德国、法国等世界大国，也可以在这个世界上“总相宜”地相处，而避免新兴大国和守成大国必有一战的“修昔底德陷阱”。从以往的历史中吸取教训、避免战略误判在新的时代条件下再次重演，这正是学习历史的意义，也是人类社会得以前进的动力。

同心而共济，
终始如一，
此君子之朋也。

【典出】北宋·欧阳修《朋党论》

【原文】以之修身，则同道而相益；以之事国，则同心而共济；终始如一，此君子之朋也。

【释义】和衷共济，从未改变，齐心来共同成就事业，这才是君子交朋友的方式。

交朋友有君子之交与小人之交，古人的智慧能给我们很多启发，君子之交就是虽淡如水，但是和衷共济的基本态度不会变；小人之交就是看上去可能很热络，但是在利益面前经常动摇。个人如此，国家亦然。

国与国之间的相处，经常是几十年甚至几百年、上千年的事，在时间的长河中，总会有一些冲突、摩擦或者不快，问题的关键不在于会不会有矛盾，而是在于能否始终如一地对待彼此。以君子之交的方式，始终如一地相处，才是国与国之间友谊长存的秘诀。

随人作计终后人，
自成一家始逼真。

【典出】北宋·黄庭坚《以右军书数种赠丘十四》

【原文】小字莫作痴冻蝇，乐毅论胜遗教经。大字无过瘗鹤铭，官奴作草欺伯英。随人作计终后人，自成一家始逼真。

【释义】随着别人谋划，终究落在人后；形成独家特色，才能生动真切。

这句话本身是在谈书法。从练字来说，永远摹帖，即使再像王羲之、米元章，也不过是照猫画虎、亦步亦趋，甚至可能落得个邯郸学步的境地；只有别出心裁，才有可能自成一派。

同样的道理，也可以用在国际社会当中。美国著名政治学家亨廷顿在《变动社会中的政治秩序》中写道，在考察了数十个转型中的政治体、用不同的指标进行衡量之后，他发现，如果历史条件不同、社会治理程度不同，而仅仅依靠移植制度，往往会出现社会动荡的结局。为什么？因为移植和效仿的制度，往往需要很多因素综合起作用。比如，首先需要一定的经济发展水平，才能谈民主和法治，否则“贫穷的正义”往往引来更多动乱；同样，高标准的制度要求，也需要稳定而多元的社会阶层作为支撑；此外，还需要人口的素质、政治操作的成熟度、阶层的流动、政治的吸纳性等。而如果忽略这些因素，完全依靠乌托邦式的理想型来移植，其短期和长远的后果都是不得不予以深思的，就好像是文学创作一般，“似我者俗、学我者死”。所以，量体裁衣、一切从实际出发，才是真正负责任的态度，也是政治和国家实践应该遵循的道路。

千金只为买乡邻。

【典出】明·冯梦龙《醒世恒言》

【原文】不见古人卜居者，千金只为买乡邻

【释义】古人占卜住宅吉凶的人，花费千两黄金只为找到好邻居。

孟母三迁，只为好邻居。普通人尚且如此重视邻居的重要性，国家就更不用说了。有一个很生动的比喻说，邻居可以搬迁，但国家不行。所以，邻国相处更应和睦。“得其大者可以兼其小”，邻里之间难免磕磕碰碰，但双方要坚持从两国关系大局出发，通过和平友好协商，妥善管控和处理分歧，防止两国关系偏离正确航道。

大海之阔，
非一流之归也。

【典出】明·冯梦龙《东周列国志》第十六回

【原文】臣闻大厦之成，非一木之材也；大海之阔，非一流之归也。

【释义】高大的房屋建筑的建成，不是靠一棵树的木材原料就能做到的；大海之所以辽阔，不是靠一条河流的水注入进来就能形成辽阔态势的。

国之交在于民相亲，任何两个国家之间的友谊金字塔，都需要两国民意的坚实基础。自新中国成立以来，中国已经与世界上大部分国家建交，然而真正影响两国关系的，是中国人民与这些国家人民之间源源不断的相互理解和友谊。

对这个问题的深刻理解，导致中国在与其他国家交往时，反复强调民意基础的重要性。无论是“一带一路”战略还是与具体国家的交往中，无论是领导人出访还是两国之间的贸易往来，民意与友谊，始终是中国向世界伸出的橄榄枝。

滴水之恩，当涌泉相报。

【典出】清·朱柏庐《朱子家训》[1]

【原文】同引用。

【释义】即使受人如一滴水一般的小恩情，也应该以涌泉般的恩惠报答别人。

[1]《朱子家训》，朱柏庐（1627—1698）著，又名《朱子治家格言》《朱柏庐治家格言》，是以家庭道德为主的启蒙教材。精辟地阐明了修身治家之道，是一篇家教名著。其中，许多内容继承了中国传统文化的优秀特点，比如尊敬师长、勤俭持家、邻里和睦等，在今天仍然有现实意义。

老子说，“上善若水。”孔子说，“仁者乐山，智者乐水。”中国人非常善于用水来打比方、讲道理。“滴水之恩，当涌泉相报”，也是借用水来讲为人处世的道理。人行走于社会，难免会遇到困难，都有帮助别人和接受帮助的时候。中国传统的看法认为，帮助别人的人，应该“施恩不图报”，而接受别人帮助的人，则应该“受恩记心间”。这种看似矛盾的态度，恰恰构成了社会的和谐。人与人的关系如此，国与国之间的理想状态也是如此，如果国与国之间守望相助，友好互惠，那么就会为和谐世界打下坚实的基础。

孤举者难起，
众行者易趋。

【典出】清·魏源《默觚·治篇八》

【原文】孤举者难起，众行者易趋；倾厦非一木之支也，决河非捧土之障也。

【释义】一个人独自举起重物可能会很困难，但许多人一块行走则容易走快。

合作的意义无需多言，“一加一大于二”的道理许多人都懂，问题在于如何去做。一句话，互利共赢、优势互补。合作的意义在于，双方以各自的长处，弥补对方的短板，借助对方的优势，共同发展好。对于国家来说同样如此，一个开放的中国，如今正处在最希望与其他国家合作的时代。这就是为什么，“一带一路”、亚洲基础设施投资银行、金砖国家开发银行等一系列措施，以世人称赞的开放程度和速度，加快着与世界各国的融合发展。中国欢迎世界各国搭乘中国发展的列车，同样愿意取人之长补己之短，在实现中国梦的伟大征程上，向世界虚心学习，共同进步。

逆水行舟，
不进则退。

【典出】清·梁启超《莅山西票商欢迎会学说词》

【原文】夫旧而能守，斯亦已矣！然鄙人以为人之处于世也，如逆水行舟，不进则退。

【释义】逆着水流的方向行船，不往前走就会被冲得后退。比喻不努力就要后退。

中国古老而朴素的传统智慧对当今的全球治理依然有价值。自金融危机以来，世界经济尽管在逐步走出低谷，但仍增长乏力，各种风险与矛盾交织，在这种情况下，“逆水行舟，不进则退”的智慧，就要求世界各国共同破解发展难题，减少经济风险，也要求世界各国对于当下的形势判断产生共识，共同渡过当下的难关。

进有进的方法，中国如何做出贡献？我们看到，无论是“一带一路”的提出，还是亚洲基础设施投资银行、金砖国家开发银行的设立，还是一系列自贸区的建设，都是中国主动参与到全球经济治理中，向世界提出的方案。

后　记

作为拥有五千年灿烂文明的国度，中华文化一直在中国的发展进程中发挥着巨大的影响力。时至今日，我们虽然进入资讯爆炸的信息时代，但是古典的智慧依然如一泓清泉滋润心田，让我们在时时回望中，温得一颗初心。如何将中国古代经典中蕴含的丰富的治国理政智慧，以更典雅的方式传递给广大读者，以更生动的形式向世界表达？必须找个适当的切口。

2014 年 5 月，人民日报海外版“学习小组”编辑整理了《平天下——中国古典治理智慧》一书，该书出版后在国内外产生了很好的社会影响。作为《平天下——中国古典治理智慧》的姊妹篇，本书再整理了一百三十余条古典名句，按《礼记·大学》的学问进阶，分为修身、齐家、治国、平天下四个篇目，以致敬古典。

感谢杨凯、陈振凯、张远晴、刘少华、申孟哲、姚丽娜、李贞等诸位编辑的辛苦工作。

让我们一起习得经典，重温初心。

编　者

2016 年 8 月